KB162784

왜 고려는 팔만대장경을 만들었을까?

교과서 속 역사 이야기, 법정에 서다

18
역사공화국
한국사법정

이규보 vs 최우

왜 고려는
팔만대장경을
만들었을까?

글 최연주 | 그림 손영목

㈜자음과모음

　　1236년부터 16년 동안 8만여 매의 규모로 만들어진 팔만대장경
은 우리나라를 대표하는 세계적인 문화유산입니다. 하지만 팔만대
장경의 실체가 구체적으로 밝혀지지 않아 많은 사람들이 잘못 알고
있는 부분도 상당히 많답니다. 특히 팔만대장경이 무인 세력인 최씨
정권에 의해 만들어졌다고 알려진 것이 그러합니다. 팔만대장경은
1231년 몽골의 장수 살리타가 군사를 이끌고 고려에 쳐들어오자 고
려의 백성이 부처님께 몽골 군이 하루빨리 물러가게 해 달라고 기원
하며 만든 것입니다. 당시 고려의 집권자였던 최씨 정권은 몽골 군
과 맞서 싸우기보다는 수도를 개경에서 강화도로 옮기고, 육지에 남
아 있는 백성에게 몽골 군이 쳐들어오면 섬이나 산성으로 피하라고
만 했지요.

이처럼 잘못 알려진 팔만대장경의 실체를 밝히기 위해 이규보가 한국사법정을 찾았습니다. 그는 자신이 지은 「대장각판 군신기고 문」을 살펴보면 팔만대장경이 왜 만들어졌는지, 팔만대장경을 만들 기 위해 어떤 기구를 설치했는지, 고려의 백성이 무엇을 기원했는지 를 알 수 있다고 주장했습니다. 뿐만 아니라 해인사 대장경판을 살 펴보면 팔만대장경 판각 사업에 참여했던 사람들이 누구였는지도 알 수 있다고 했지요.

이규보는 이번 재판을 통해 최씨 정권과 일본 학자들에 의해 왜곡 되고 가려진 역사를 바르게 알리고 싶다고 합니다. 최씨 정권으로부 터 왕인 고종의 권위를 되찾고, 최씨 정권이 아니라 고려의 백성이 단결하여 국가적인 사업으로 팔만대장경을 만들었다는 사실을 알리 고 싶다면서 말이지요.

최씨 정권의 측근으로 평가받던 이규보가 최우를 고발한 이번 재 판을 통해 여러분도 팔만대장경을 새롭게 이해하게 될 것입니다. 아 울러 팔만대장경에 대한 궁금증도 많이 해소될 것입니다. 과연 이규 보는 팔만대장경에 대한 왜곡된 역사를 바로잡고 한국사법정에서 승리할 수 있을까요? 이규보가 소송을 낸 이 사건에 대해 여러분 스 스로 한국사법정의 판사가 되어 판결을 내려 보시기 바랍니다.

최연주

차례

13세기 칭기즈 칸이 몽골 제국을 건설하여 금을 공격하면서 동아시아 지역으로 세력을 확장하기 시작했다. 고려와 몽골은 한동안 긴장 상태를 유지했으나 결국 몽골의 침입으로 전쟁이 시작되었다. 최씨 정권은 모든 백성이 섬이나 산성에 들어가서 몽골 군에 항전하도록 하고 수도를 강화도로 옮긴다.

중학교   역사

V. 고려 사회의 변천
  1. 무신 정권의 성립과 몽골과의 전쟁
  (2) 몽골의 침입에 맞서다

몽골 군에 의해 대구 부인사에 보관하고 있던 대장경 판목 등이 불타는 피해를 입었고, 최씨 정권은 민심을 모으고 부처의 힘을 빌려 몽골 군을 물리치기 위해 강화도에서 팔만대장경 조성 사업을 시작하였다. 16년의 대역사 끝에 팔만대장경이 완성되었다.

13세기 중엽 몽골 군이 여러 차례 침입하자 최씨 무신 정권은 대몽 항전을 위해 수도를 강화도로 옮긴다. 몽골과의 전쟁에서 적극 나선 것은 하층민이었다. 하지만 전쟁은 40년이나 이어졌고, 결국 고려는 몽골과 강화를 맺기에 이르렀다.

| 고등학교 | 한국사 | II. 고려와 조선의 성립과 발전
 2. 고려의 대외 관계와 문화 발달
 (2) 몽골의 침입 |
| | | II. 고려와 조선의 성립과 발전
 2. 고려의 대외 관계와 문화 발달
 (6) 고려의 문화 |

2007년 유네스코는 팔만대장경을 세계 기록 유산으로 지정하였다. 몽골의 침입을 물리치려는 염원을 담아 만든 팔만대장경은 총 5000만 자가 넘을 정도의 방대한 분량을 자랑한다.

993년	거란, 1차 침입
1010년	거란, 2차 침입
1011년	초조대장경 조판 시작
1019년	강감찬, 귀주 대첩
1126년	이자겸의 난
1135년	묘청의 난
1170년	정중부 등, 무신 정변
1176년	망이·망소이의 난
1193년	이규보, 한문서사시「동명왕편」지음
1196년	최충헌 집권
1209년	교정도감 설치
1225년	몽골 사신 저고여 피살
1231년	몽골, 1차 침입
1232년	몽골, 2차 침입
	고려, 강화도로 천도, 초조대장경 불탐
1235년	몽골, 3차 침입
1236년	팔만대장경 조판 시작
1238년	황룡사 9층 목탑 불탐
1247년	몽골, 4차 침입
1251년	팔만대장경 완성
1254년	몽골, 5차 침입
1257년	몽골, 6차 침입
1270년	개경으로 환도

1066년	거란, 국호를 요로 고침
1115년	여진, 금나라 건국
1125년	금나라, 요나라 멸함
1129년	송나라 고종, 금나라에 쫓겨 항저우로 천도

1155년	몽골, 테무친 탄생
1189년	테무친, 몽골부 칸에 오름
1206년	테무친, 칭기즈 칸이라 칭하고 몽골 통일
1209년	몽골, 서하 침공
1215년	몽골, 금나라 연경 점령
1219년	칭기즈 칸, 서아시아 원정 시작

1220년	몽골, 중앙아시아의 부하라·사마르칸트 점령
1227년	칭기즈 칸 사망
1229년	몽골, 오고타이 즉위
1234년	몽골, 금나라 멸함
1241년	몽골, 폴란드·헝가리 진격

| 1260년 | 쿠빌라이 즉위 |

원고 이규보(1168년~1241년)

몽골 침입 때 만든 팔만대장경은 고려의 모든 백성이 적극적으로 참여해 만든 것인데, 언제부터인지 최씨 정권이 팔만대장경을 만들었다고 하더군요. 최씨 정권의 최측근 중 한 사람이었던 내가 그 진실을 꼭 밝히겠소.

원고 측 변호사 김딴지

나는 역사에 대한 해박한 지식을 갖고 있으며, 잘못된 역사를 바로잡는 데 혼신의 힘을 쏟는 김딴지 변호사랍니다.

원고 측 증인 정안

나는 최우의 처남입니다. 매형 최우의 정치적 견제를 피해 고향인 남해로 내려가 늙으신 모친을 봉양하면서 살았습니다. 팔만대장경을 만들 때 재산을 내놓기도 했지요.

원고 측 증인 나무 박사 (가상 인물)

나는 한평생 나무의 조직과 특성을 연구해 온 학자랍니다. 역사공화국 문화재 기구의 도움을 받아 해인사 대장경판의 목재 성분을 철저히 분석했지요.

원고 측 증인 대승

고려 시대에 해인사에서 수도했던 승려입니다. 팔만대장경을 만들 때 참여했지요.

원고 측 증인 천기 대사

나는 개태사 주지였던 수기 대사를 도와 팔만대장경을 만드는 데 적극 참여했습니다.

원고 측 증인 수기 대사

나는 개태사의 주지였어요. 팔만대장경을 만들 때 불교 경전의 대조와 비교, 교정 등 관련 업무를 모두 맡았지요.

피고 최우(?~1249년)

최씨 정권의 2대 집권자인 최우라 하오. 당시 고려의 모든 권력을 내가 장악하고 있었소. 몽골과의 항전을 위해 수도를 옮긴 것도, 팔만대장경을 만든 것도 모두 내가 주도한 것이지요.

피고 측 변호사 이대로

역사공화국의 명변호사, 이대로입니다. 나는 역사적 진실은 쉽게 변하는 것이 아니라고 생각해요. 여러분, 기존의 역사적 평가는 다 이유가 있다니까요!

나는 몽골의 장군으로, 고려를 침입할 때 선봉장이 되었답니다. 그러나 경기도 용인에서 김윤후가 이끄는 고려군에게 화살을 맞아 죽었습니다.

나는 대장경을 연구한 일본 학자입니다. 물론 내가 팔만대장경과 관련된 역사적 사실을 좀 왜곡하긴 했지요. 하지만 그건 모두 내 조국 일본을 위한 일이었다고요!

역사공화국 한국사법정에서 공정하기로 소문난 판사 공정한입니다. 변호사들에게 엄하게 대할 때도 있지만, 역사에 대한 호기심과 공정한 판결을 위한 노력만큼은 나를 능가할 사람이 없을 겁니다.

"1236-16 문서가 감쪽같이 사라졌소!"

여기는 영혼들의 나라, 역사공화국.

김딴지 변호사는 머리도 식히고 재판 자료도 찾을 겸 나먹보 조수와 함께 역사공화국 국립 문서 보관소를 찾았다. 고즈넉한 산속에 자리 잡은 국립 문서 보관소는 김 변호사가 자주 찾는 곳이다. 이들이 처음 들어선 곳은 문서 보관소의 지하 2층 ㉠ 구역이었다.

"그런데 변호사님, 무슨 자료를 찾으시기에 이렇게 지하 서고까지 오신 거예요?"

"흠. 내가 찾고 있는 건 '1236-16'이라고 쓰인 문서야."

김딴지 변호사는 흘러내리는 안경을 한 손으로 추켜올리며 말했다. 그러고는 한참 동안 ㉠ 구역 네 번째 칸 앞에서 서성거리며 혼잣말을 중얼거렸다.

"그동안 이 문서는 건물 밖으로 나간 적이 없단 말이야. 그렇다면 이쯤에 팔만대장경 관련 기록인 '1236-16' 문서가 있어야 하는데……."

찾는 자료가 없는지, 김딴지 변호사는 인터넷 검색대로 다가가 문서 번호를 입력했다. 그러자 검색 화면의 서류 위치 정보란에 '지하 2층 ㉮ 구역의 네 번째 칸'이 떴다. 방금 찾아본 곳이다. 어찌 된 일인지 혼란스러워하는데, 그때 김딴지 변호사에게 의문의 전화가 걸려 왔다.

"혹시 '1236-16' 문서를 찾고 계십니까?"

"네, 그렇습니다만, 누구시죠?"

"내가 누군지는 한 시간 뒤 문서 보관소 휴게실에서 알려 드리지요."

낯선 남자의 전화에 호기심이 생긴 김딴지 변호사는 다급히 휴게실로 자리를 옮겼다. 한 시간 남짓 지났을 무렵, 수염과 머리는 물론 눈썹까지 온통 백발인 일흔 살가량의 한 노인이 지팡이를 짚고 느릿느릿 걸어 들어왔다. 노인의 얼굴은 다소 수척해 보였으나 온화한 미소를 잃지 않고 있었다.

"안녕하십니까? 나는 이규보라 하오."

노인이 먼저 인사를 건넸다.

"이규보라면 『동국이상국집』을 쓴 고려 시대의 대표적인 정치가이자 학자가 아니십니까?"

"네, 맞습니다. 이렇게 만나게 되니 반갑구려."

간단히 인사를 마친 이규보는 목이 말랐는지 탁자에 놓인 물을 한 잔 들이켠 후 말을 이었다.

"김 변호사가 찾고 있는 문서가 감쪽같이 사라졌지요?"

"네. 어떻게 아시나요?"

"바로 그것 때문에 내가 김 변호사를 만나러 이렇게 찾아온 것입니다. '1236-16' 문서는 내가 팔만대장경을 만들 때 세부 계획과 규칙, 그리고 참여자 명단 등을 기록한 것이지요. 내 추측으로는 최우측 사람들이 없앴을 것으로 생각됩니다만."

"고려 무신 정권의 최고 집권자였던 최우 말입니까?"

"그렇지요."

왜 고려는 팔만대장경을 만들었을까?

"그렇게 생각하는 특별한 이유라도 있으신가요?"

"흠…… 간단히 말씀드리지요. 오래전부터 최우는 자신이 주도하여 팔만대장경을 만들었다고 주장해 왔습니다. 그리고 최근에는 자신의 전 재산을 팔만대장경을 만드는 데 써 버렸다고 했어요. 그런데 최우가 누굽니까? 몽골 군이 고려에 쳐들어왔을 때 백성을 버리고 강화도로 피란을 떠났던 사람이 아닙니까? 그런 사람이 적을 물리치기 위해 팔만대장경을 만들었다는 게 말이 됩니까?"

"아, 그렇군요."

"아마도 최우는 자신의 말이 거짓으로 밝혀질 것이 두려워 팔만대장경 관련 기록이 담긴 '1236-16' 문서를 없애 버렸을 겁니다. 그래서 나는 지금 최우를 상대로 허위 사실 유포와 공문서 훼손 혐의로 소송을 제기하려 하오. 김 변호사가 도와줄 수 있겠지요?"

"물론입니다. 당연히 제가 도와드려야지요. 팔만대장경에 숨겨진 진실도 찾고, 덤으로 잃어버린 서류도 찾을 수 있을 테니 말이에요. 하하하."

김딴지 변호사와 이규보는 국립 문서 보관소 휴게실이 떠나가라 크게 웃으며 이번 재판에 대한 결의를 다졌다.

대몽 항전의 마음이 담긴 팔만대장경

'대장경'이란 부처님의 가르침을 모두 모아 수록한 책을 의미합니다. 대장경판 수가 8만여 매에 달한다 하여 '팔만대장경'이라고 불리고 있습니다. 고려 시대에 판각되어 '고려대장경', 경상남도 합천군 해인사에 보관되어 있어 '해인사 대장경판'이라고 합니다. 팔만대장경은 우리나라 국보 제32호이며, 1995년 팔만대장경판이 보관되어 있는 '해인사 장경판전'이 유네스코 세계문화유산으로, 그리고 2007년에는 '해인사 대장경판 및 제(諸)경판'이 유네스코 세계기록유산으로 각각 지정되었습니다.

해인사에 보관 중인 대장경판 하나의 크기는 대략 세로 24센티미터, 가로 68~78센티미터, 두께는 3센티미터 정도입니다. 경판 8만 장을 모두 쌓는다면 무려 2400미터로 한라산을 훌쩍 뛰어넘는 엄청난 높이입니다. 뿐만 아니라 경판 하나의 무게가 3킬로그램 정도이니, 모두 옮기려면 2.5톤 트럭 100대가 필요하답니다. 이렇게 어마어마한 분량의 해인사 대장경판은 만드는 기간도 아주 오래 걸렸습니다. 1236년부터 1251년까지 16년간 걸쳐 만들어졌습니다.

팔만대장경을 만든 시기는 몽골이 고려를 침략한 시기와 겹쳐 있습니다. 몽골의 침입으로 나라가 위험에 빠지자 나라를 지키기 위해 저항하는 한편, 평화를 바라는 마음과 부처님의 힘으로 적이 물러가기를 바라는 마음을 담아 팔만대장경을 만들었습니다. 당시 고려를 실질적으로 지배하던 최씨 정권은 국교인 불교를 바탕으로 백성들을 단합시키고자 하는 의도로 적극 도왔습니다.

　팔만대장경을 만드는 과정은 매우 복잡합니다. 앞서 이야기했듯이 경판은 가로세로 일정한 크기가 되어야 하므로 제법 자란 큰 나무를 찾는 것에서 시작됩니다. 큰 나무를 일정한 크기로 반듯하게 판으로 잘라야 합니다. 잘라 낸 나무판을 소금물에 삶는 과정을 거치게 됩니다. 이는 벌레 먹음을 막고, 갈라지거나 휘어지는 것을 방지하기 위해서 거치는 작업입니다. 그리고 오랫동안 그늘에서 말리면서 나무판이 갈라진 것, 불규칙한 나뭇결이 있는 것을 가려내는 작업을 거쳐 조각하기 가장 적당한 나무판을 선별합니다. 이러한 과정을 거친 나무판을 반듯하게 다듬은 뒤 글을 쓴 종이를 경판에 뒤집어 붙이고 글자를 새깁니다. 뒤집어 붙이는 이유는 인쇄했을 때 내용이 바르게 나올 수 있기 때문이다. 한 글자 한 글자 정성을 다한 새김 작업이 끝나면 경판의 뒤틀림이나 갈라지는 것을 막기 위해 좌우에 마구리를 끼워 놓습니다. 그리고 옻칠을 해서 마무리를 하였습니다.

　80000매의 경판과 5000만자의 글자라는 믿기 힘든 방대한 분량과 16년간이라는 기나긴 작업 기간, 여러 차례 번거로운 작업 과정을 거쳐 팔만대장경이 만들어졌습니다. 무려 800여 년 전일입니다. 팔만대장경을 보면 800여 년 전 외적에 맞서 나라를 지키고자 했던 고려 사람들의 마음을 생생하게 느낄 수 있을 것입니다.

원고 | 이규보	대리인 | 김딴지 변호사
피고 | 최우	대리인 | 이대로 변호사

청구 내용

몽골은 고려에 사신으로 왔던 저고여가 죽은 것을 핑계 삼아 1231년 (고종 18), 고려에 대규모 군사를 보냈습니다. 이때 몽골 장수 살리타가 우리 백성들을 죽이고, 황룡사 9층 목탑 등 소중한 문화재도 불태워 버렸습니다. 그러나 무인 정권의 2대 권력자였던 최우는 죽기를 다해 싸우기는커녕 왕을 위협하여 개경에서 강화도로 수도를 옮겼습니다. 그러고는 육지에 남아 있는 백성에게 '몽골 군이 쳐들어오면 산성이나 섬으로 피신하라'는 무책임한 말만 남겼습니다.

그런데 몽골과의 전쟁 중 대구 부인사에 보관 중이던 초조대장경이 몽골 군에 의해 불타 버렸습니다. 초조대장경은 1011년(현종 2)에 거란 군이 고려에 침입했을 때 부처님의 힘으로 그들을 물리치기 위해 만든 것이었습니다. 우연인지 아니면 필연인지 모르겠지만 이 초조대장경을 만들면서 거란 군이 고려에서 물러나게 되었고, 그 뒤 고려인들은 대장경을 만들면 외적이 물러간다는 믿음을 갖게 되었습니다. 그래서 몽골이 고려에 침입해 왔을 때 또다시 팔만대장경을 만든 것입니다.

그런데 교과서에는 최우가 팔만대장경을 만든 것처럼 기록되어 있습니다. 고려의 백성이 나라를 구하기 위해 힘을 합쳐 만든 것인데도 말입니다. 나는 이러한 결과가 나타난 것은 팔만대장경 관련 서류인 '1236-16' 문서를 최우 측에서 의도적으로 없앴기 때문이라고 생각합니다. 이에 나는 최우와 그 추종 세력에게 역사를 왜곡한 책임을 묻고, 피고 측의 반성이 없을 시 공문서 훼손죄로 고발하려고 합니다.

이번 재판을 통해 후세에게 팔만대장경의 가치와 함께 팔만대장경 속에 담겨 있는 고려인들의 염원을 알리고자 합니다.

입증 자료

- 중학교 역사 교과서
- 고등학교 한국사 교과서
- 이규보, 『동국이상국집』
  그 외 자료 추후 제출하겠음.

위 청구인 이규보
역사공화국 한국사법정 귀중

호국 신앙의 상징, 팔만대장경

1. 대장경이란 무엇일까?
2. 팔만대장경은 호국 신앙의 상징일까?

교과연계

역사
V. 고려 사회의 변천
  1. 무신 정권의 성립과 몽골과의 전쟁
  (2) 몽골의 침입에 맞서다

1 대장경이란 무엇일까?

역사공화국 한국사법정은 오늘도 방청객과 취재진으로 발 디딜 틈이 없다.

"이규보는 최우의 아버지인 최충헌의 집에서 시 짓기를 할 때 자신의 처지를 한탄하면서 절대적인 충성을 서약하자 최충헌이 곧 지방관으로 임명했다던데, 왜 소송을 걸었을까?"

"그러게 말이야. 이규보는 정말 은혜도 모르는 배은망덕한 사람인가 봐."

법정에 모여든 사람들은 이해하지 못하겠다는 표정으로 저마다 한마디씩 했다. 이윽고 검은 법복을 입은 판사가 법정 안으로 들어와 자리에 앉았다.

왜 고려는 팔만대장경을 만들었을까?

판사　지금부터 재판을 시작하겠습니다. 원고 측 변호인이 이번 사건에 대해 간단히 설명해 주시겠습니까?

1236-16
역사공화국에만 존재하는 가상의 문서입니다.

김딴지 변호사　존경하는 판사님, 그리고 배심원 여러분, 오늘 소송은 지상 세계, 대한민국 경상남도 합천군 해인사에 보관되어 있는 팔만대장경과 관련된 것입니다. 오늘날 대부분의 교과서나 역사책에는 최씨 무인 집권자들이 민심을 모으고 부처님의 힘으로 몽골 군을 물리치기 위하여 팔만대장경 조성 사업을 시작했다고 기록되어 있습니다. 하지만 이는 잘못 알려진 것입니다. 몽골 군이 고려에 침입했을 때 강화도로 피란을 가기에 바빴던 피고 최우가 몽골 군을 물리치기 위해 팔만대장경을 만들었다는 것이 말이 됩니까? 팔만대장경은 최씨 정권이 아니라 우리 고려의 백성 모두가 힘을 합쳐 만든 것입니다. 그런데 왜 피고가 팔만대장경을 만든 것처럼 알려졌는지 아십니까? 그것은 피고가 팔만대장경을 만들 때 세부적인 계획 및 각종 규칙 등을 기록한 문서 번호 '1236-16' 서류를 없애고 자신이 팔만대장경을 만든 것처럼 조작했기 때문입니다. 이에 원고 이규보가 '1236-16' 문서를 훼손하고 허위 사실을 유포한 피고 최우에게 소송을 제기한 것입니다.

김딴지 변호사가 배심원을 향해 인사를 건넨 후 자리에 앉자, 뒤이어 이대로 변호사가 법정의 중앙으로 걸어 나왔다.

이대로 변호사　존경하는 판사님, 그리고 배심원 여러분, 원고 측에서는 방금 고려의 백성들이 몽골 군을 물리치기 위해 힘을 합쳐 팔만대장경을 만들었다고 주장했습니다. 하지만 이는 허황된 주장입니다. 팔만대장경은 당시 최고 집권자였던 피고 최우의 주도하에 만든 것입니다. 이제 와서 당시 사람들이 힘을 합쳐 자발적으로 만든 것이라고 주장하는 것은 억지에 불과합니다. 원고 이규보가 어떤 사람입니까? 피고의 아버지인 최충헌에게 충성을 맹세했던 충실한 신하가 아니었습니까? 그런 사람이 이제 와서 허위 사실 유포와 공문서 훼손을 운운하며 피고에게 소송을 제기했습니다. 여러분, 이런 배은망덕한 원고의 말을 믿을 수 있겠습니까? 저는 소송을 당해야 할 사람은 피고가 아니라 바로 원고라고 생각합니다. 배심원 여러분, 현명한 판단을 내려 주시기 바랍니다.

판사   양측 변호인의 말씀 잘 들었습니다. 그러면 지금부터 본격적으로 재판을 시작하겠습니다. 먼저 원고 측부터 변론해 주기 바랍니다.

김딴지 변호사   판사님, 본 소송을 원활하게 진행하기 위해서는 먼저 팔만대장경이 무엇인지 정확히 알아야 할 것 같습니다. 제가 간단히 설명드려도 되겠습니까?

판사   좋습니다. 원고 측 변호인이 팔만대장경에 대해 설명해 준다면 재판 내용을 훨씬 더 쉽게 이해할 수 있겠군요.

김딴지 변호사   감사합니다. 대장경이란 산스크리트 어로 '트리피타카(Tripitaka)'라고 부릅니다. 이 말은 '세 개의 광주리'라는 뜻이지요.

판사   '세 개의 광주리'요?

김딴지 변호사 네. 부처님의 말씀을 적은 것을 경(經)이라 하고, 부처님의 가르침을 따르는 사람들이 지켜야 할 도리를 적은 것을 율(律)이라 합니다. 또 부처님의 가르침을 연구해 놓은 책들을 논(論)이라 합니다. 경·율·논, 세 개의 광주리(Tripitaka)를 중국에서 번역할 때 대장경이라 했습니다.

판사 아, 그러니까 대장경이란 불교 경전 전체를 말하는 것이군요. 그럼 한국에서는 대장경을 언제 처음 만들었나요?

김딴지 변호사 고려 시대에 처음으로 만든 대장경을 '초조대장경'이라고 부르는데요, 초조대장경은 일반적으로 1011년(현종 2)에 처음으로 **판각**을 시작해서 1087년(선종 4)에 6000여 권에 달하는 규모로 완성되었다고 알려져 있습니다.

판사 고려 시대에 처음으로 초조대장경이 만들어졌군요. 그 밖에 또 어떤 대장경이 있나요?

김딴지 변호사 혹시 '속장경'이라고 들어 보셨나요?

판사 흠. 얼핏 들어 본 것 같군요. 속장경은 무엇이지요?

김딴지 변호사 속장경은 초조대장경을 보완한 것입니다. 대각국사 의천이라는 스님이 25년 동안 고려를 비롯해 중국, 일본, 거란 등에 흩어져 있던 대장경을 해석한 글을 모아 속장경을 간행하기로 하고, 목록집인 『신편제종교장총록』을 만들었습니다. 이 목록에 따라 개경의 흥왕사에 설치된 **교장도감**에서 1092년(선종 9)부터 9년 동안

판각
나뭇조각에 그림이나 글씨를 새기는 것을 말합니다.

교장도감
대각국사 의천의 요청에 따라 1086년(선종 3)에 흥왕사에 설치한 기구입니다. 송나라, 요나라, 일본 등으로부터 구해 온 불교 관련 문건인 장(章), 소(疏) 등의 간행을 주도하였습니다.

속장경을 만들었지요.

판사　그러니까 초조대장경을 만들고, 여기에 빠진 부분을 대각국
사 의천이 보완하여 만든 것이 속장경이라는 말이군요. 그럼 '팔만
대장경'은 언제 만든 것입니까?

김딴지 변호사　팔만대장경은 초조대장경이 몽골의 침략으로 불타
버리자 1236년(고종 24)부터 16년간에 걸쳐 다시 만든 것입니다. 팔
만대장경은 총 8만여 매에 달하고, 8만 4000 번뇌를 의미하는 8만
4000 법문을 수록했기 때문에 팔만대장경이라고 불립니다. 이 밖에
도 고려 시대에 만들어졌기 때문에 '고려 대장경'이라고 불리기도 하
며, 대장경판이 해인사에 보관되어 있다고 해서 '해인사 대장경'이라
고 불리기도 합니다. 최근에는 강화도에서 새로운 대장경판을 만들
계획을 수립하고 또 판각을 지휘했다는 의미에서 '강화 경판 고려 대
장경'이라고 부르기도 합니다. 일본 학자들은 이를 '재조 대장경'이
라고 부르더군요. 그런데 이렇게 부르는 것은 잘못된 것입니다.

판사　아니, 왜 그런가요?

김딴지 변호사　일본 학자들은 고려 현종 때 처음 만들어진 대장경
을 초조대장경이라 불렀고, 초조대장경에 이어 대각국사 의천이 수
집 정리한 대장경을 속장경이라고 불렀습니다. 그리고 몽골 침입 때
불탄 초조대장경을 다시 만들었다는 의미로 재조 대장경이라고 불
렀지요. 이러한 명칭은 일본 학자들이 대장경을 새긴 순서에 따라
임의적으로 부른 것이며, 따라서 우리나라 대장경의 가치를 낮추어
평가한 것이라 할 수 있지요.

　왜 고려는 팔만대장경을 만들었을까?

이대로 변호사　판사님, 이의 있습니다. 대장경을 만든 순서에 따라 초조대장경, 속장경, 재조 대장경으로 부르는 것은 당연하다고 생각합니다. 정식 명칭이 없기 때문에 모든 사람이 쉽게 부를 수 있도록 한 것뿐인데 낮추어 평가하다니요?

김딴지 변호사　아닙니다! 우리나라의 귀중한 문화유산은 본래 이

름으로 불려야 합니다. 남대문을 예로 들어 봅시다. 우리는 그동안 숭례문을 남쪽에 있는 대문이라는 의미로 남대문이라고 부르다가, 2008년 초 화재가 난 걸 계기로 정식 명칭인 숭례문으로 부르기 시작했습니다. 그 계기가 어떠하든지 간에 올바른 명칭으로 부르는 것이 맞습니다.

판사 자자, 다들 진정하세요. 양측 변호인은 재판의 원활한 진행을 위해 대장경 명칭에 대한 논쟁은 삼가 주기 바랍니다. 오늘 법정에서 해결할 수 있는 문제가 아닙니다. 원고 측 변호인, 계속 설명해 주세요.

김딴지 변호사 알겠습니다. 해인사에 보관되어 있는 대장경판은 크게 '대장(大藏)'과 '외장(外藏)'으로 구성되어 있습니다. 『대장 목록』이라는 책이 있는데, 여기에 수록된 대장경을 '대장' 또는 '정장(正藏)'이라고 합니다. 그리고 『보유판 목록』이라는 책에 수록된 대장경을 '외장', '보유판' 또는 '부장(副藏)'이라고 하지요. 그리고 여기에 포함되지 않는 것을 '잡판(雜板)' 또는 '사사간판(私寺刊板)'이라고 부르는데요, 한동안 '잡판'은 대장경과 관계없는 것으로 여겨져 왔으나 최근에는 역사적 가치가 높은 자료로 평가되고 있습니다.

판사 『대장 목록』은 어떤 책입니까?

김딴지 변호사 불교 경전의 이름, 저자와 번역자 등을 천자문 순서대로 적은 목록집으로 1246년(고종 33)에 편찬되었습니다. 이 책을 보면 팔만대장경의 내용과 구성, 편찬 형식과 체제를 쉽게 알 수 있지요. 해인사 대장경판은 이 책에 적힌 순서대로 해인사의 수다라장

왜 고려는 팔만대장경을 만들었을까?

● 해인사 배치도

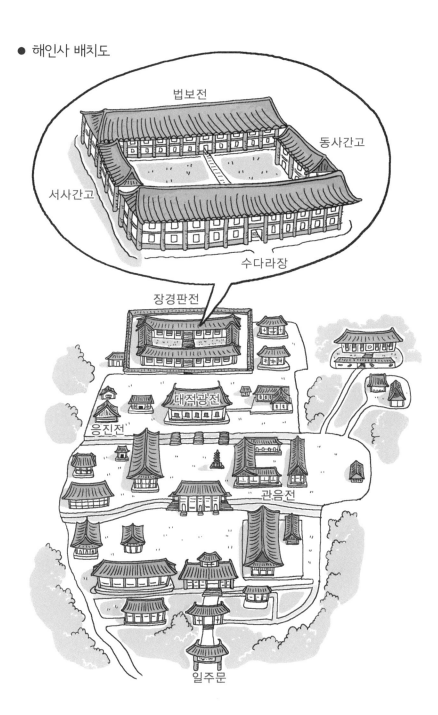

법보전

동사간고

서사간고

수다라장

장경판전

대적광전

응진전

관음전

일주문

과 법보전에 보관되어 있습니다. '잡판'은 수다라장과 법보전 두 건물 사이에 있는 동쪽과 서쪽 건물에 보관되어 있고요.

판사   덕분에 좋은 정보를 알게 되었습니다. 감사합니다. 그럼 다음으로 피고 측 변호인, 변론을 시작해 주세요.

팔만대장경은
호국 신앙의 상징일까?

이대로 변호사　　고려는 거란 군사가 침입해 오자 1011년에 초조대장경을 만들었습니다. 그 후 몽골 군이 침입해 오자 1236년에 또다시 팔만대장경을 만들었습니다. 전쟁 중에 왜 초조대장경과 팔만대장경을 만들었을까요? 전쟁과 대장경 사이에 어떤 연관성이 있지 않겠습니까?

"뭐? 전쟁 중에 대장경을 만들었다고?"

"적과 싸우기도 바빴을 텐데, 어떻게 대장경을 만들 수 있었을까?"

대장경이 전쟁과 관련이 있을 것이라는 이대로 변호사의 말에 법정 안은 술렁였다.

판사   자, 모두 조용히 하세요.

이대로 변호사   제가 자료를 조사해 보니 원고는 「대장각판 군신기고문」에 이런 글을 썼더군요. 초조대장경을 만들어 거란 군사를 물리쳤듯이, 팔만대장경을 만들면 몽골 군이 물러갈 것이라고 말이에요. 하지만 그가 말한 대로 팔만대장경을 만들고 난 후 정말 몽골 군이 물러갔습니까? 아닙니다. 오히려 팔만대장경을 만드는 동안 몽골 군이 여러 차례 고려에 쳐들어와 국토를 짓밟았습니다. 그러니 이 「대장각판 군신기고문」은 원고가 자신의 희망 사항을 적은 기도문에 불과합니다. 역사학자들이 지금껏 원고가 쓴 이 글을 가지고 팔만대장경이 왜 만들어졌는지 그 이유를 알아보려고 했다는데, 다 시간 낭비였지 뭡니까!

김딴지 변호사   판사님, 이의 있습니다. 지금 피고 측에서는 「대장각판 군신기고문」을 기도문이라면서 깎아내리고 있습니다. 이 글을 쓴 원고를 불러 직접 이야기를 듣고 싶습니다.

판사   좋습니다. 원고의 진술을 듣기로 하지요.

이규보   안녕하십니까, 이규보올시다. 호는 백운거사이고, 나이가 들어서는 시, 거문고, 술을 좋아해 삼혹호 선생이라고 불렸습니다.

나는 1168년(의종 22)에 호부 낭중을 지낸 아버지 이윤수와 어머니 김씨 사이에서 태어났어요. 태어난 지 석 달 만에 나쁜 종기가 온몸에 번졌는데, 여러 가지 약을 써도 잘 낫지 않았다고 합니다. 그러자 걱정이 된 아버지가 송악산에 있는 사당으로 들어가 산가지를 던

져서 내가 살 수 있을지를 점쳤는데 다행히도 '살 수 있다'는 점괘가 나왔다고 합니다. 그때 만약 점괘가 반대로 나왔더라면, 아휴, 지금 생각해도 아찔하군요.

판사 원고, 하고 싶은 말이 많은 모양입니다만, 간단히 해 주세요.

이규보 흠흠. 오랜만에 이렇게 많은 사람들 앞에 서게 되니 나도 모르게 그만…… 이해해 주시오. 나는 1199년(신종 2)에 지금의 전라 북도 전주에서 사록이라는 지방 관리로 벼슬을 시작했습니다. 나는 원래 성격이 자유분방하고 시 짓기를 좋아했지요. 그런데 안타깝게도 출세의 기회를 얻지 못한 탓에 오랫동안 벼슬을 하지 못했습니다.

김딴지 변호사 그런데 어떻게 벼슬을 하게 된 것입니까?

김딴지 변호사의 질문을 받은 이규보는 한참을 망설이다가 들릴 듯 말 듯한 작은 목소리로 말했다.

이규보 하루는 피고의 아버지인 최충헌에게 시를 한 수 지어 바쳤는데, 이를 본 최충헌이 나의 재능을 인정해 주었습니다. 그래서 나는 서른두 살에 본격적으로 벼슬길에 오르게 되었지요. 그 후 여러 관직을 두루 맡다가 예순아홉 살에 벼슬에서 물러나게 되었는데, 몽골 군의 침입으로 나라 안이 혼란스러워지자 고종께서 나에게 여러 외교 문서를 작성하는 일을 계속 맡아 달라고 하셨어요. 나는 부탁을 받아들여 그 일을 계속하다가 1241년(고종 28), 그러니까 내 나이 일흔네 살에 이곳으로 오게 되었지요.

김딴지 변호사 원고는 몽골이 고려를 침략하던 시기에 살아 계셨군요. 그럼 당시 고려와 몽골의 관계가 어떠했는지 자세히 알고 계시겠네요?

이규보 알다마다요.

김딴지 변호사 그럼 재판의 원활한 흐름을 위해 잠깐 설명해 주시겠습니까?

이규보 좋소이다. 그럼 설명하는 김에 송나라와 거란의 관계도 함께 설명해 드리지요.

김딴지 변호사　　그럼 더욱 감사하지요.

이규보　　내가 태어나기 전인 10세기 초에 중국 대륙과 만주, 그리고 한반도에는 여러 왕조들이 들어섰습니다. 그러나 우리 고려를 비롯하여 송나라와 거란만이 강력한 통일 왕조로 성장하게 되었지요.

김딴지 변호사　　이 세 나라가 동아시아를 주도하는 국제 질서가 성립된 것이군요?

이규보　　맞습니다. 당시 거란은 만리장성 이북 지역으로 세력을 넓히면서 옛 고구려의 영토를 회복하려는 고려와 충돌하게 되었습니다. 이에 거란은 수차례 고려에 사신을 보내오며 친하게 지내자고 했지만, 고려는 거란이 발해를 멸망시켰고 또 그들이 야만족이라는 이유로 그 요청을 거절했지요.

김딴지 변호사　　저도 역사책에서 그 내용을 읽은 적이 있습니다. 고려 태조 왕건이 거란에서 친하게 지내자며 선물로 가져온 낙타 50마리를 모두 굶겨 죽인 적이 있지요? 또 거란 사신 30명을 섬으로 유배 보내기도 했고요.

이규보　　그렇습니다. 김딴지 변호사는 역사 전문 변호사라 그런지 상식이 풍부하군요.

　　고려는 송나라와 친하게 지내면서 거란을 견제하는 정책을 취했습니다. 따라서 거란의 눈에는 송나라와 친하게 지내는 고려가 아니꼽게 보였겠지요. 그래서 송나라를 치기 전에 고려에 먼저 침입해 온 것입니다.

김딴지 변호사　　아, 그랬군요.

이규보 고려 성종 때인 993년에 거란이 1차로 고려에 침입해 왔어요. 당시 조정에서는 서경 이북에 있는 땅을 거란에게 넘겨주고 화의를 맺자는 의견이 우세했습니다. 그런데 서희(徐熙)는 거란이 고려에 침입한 의도가 고려와 송나라의 친교 관계를 끊는 데 있다는 것을 알아차리고 그들과 외교 담판을 벌였습니다.

김딴지 변호사 이때 서희가 외교 담판으로 강동 6주를 돌려받고 영토를 압록강까지 확대한 겁니까?

이규보 맞습니다. 그런데 거란은 화의를 맺은 후에도 또다시 고려에 침입해 왔습니다. 1010년(현종 1), 거란이 2차로 고려에 침입해 왔을 때는 개경이 함락되기도 했지요. 초조대장경은 거란의 침입으로 개경이 함락당하던 1011년에 만들어진 것이고요. 거란의 3차 침입 때는 강감찬 장군이 귀주에서 거란군을 크게 물리쳤는데, 이를 귀주 대첩이라고 부르더군요.

김딴지 변호사 초조대장경이 거란의 2차 침입 때 국가적인 위기 속에서 만들어진 것이군요.

이규보 네. 그런데 시간이 흘러 13세기 무렵이 되자 국제 정세가 다시 한 번 요동치게 됩니다. 테무친을 칭기즈 칸으로 추대한 몽골이 거대한 세력을 형성하면서 여러 주변 민족들을 위협하게 되었어요.

김딴지 변호사 드디어 몽골에 대한 설명이 나오는군요.

이규보 흠흠. 몽골은 여섯 차례에 걸쳐 고려를 침입했습니다. 몽골은 다른 나라에 침입할 때 자신들에게 저항하면 그 지역에 사는 사람들을 모두 학살하고 동시에 마을을 불태워 없앴습니다. 상대가

왜 고려는 팔만대장경을 만들었을까?

항복하면 목숨을 빼앗지는 않았지만 노예로 삼아 힘든 부담을 지도록 했지요. 당시 서하, 금, 동진, 남송 등 많은 나라가 몽골의 침입으로 멸망했습니다. 그러나 고려는 몽골의 침입으로 주요 문화재를 잃기는 했지만, 백성들이 끝까지 힘을 합쳐 저항함으로써 몽골 족이 세운 원나라보다도 더 오래 지속되었지요. 팔만대장경이 바로 여기서 역할을 한 것이고요.

김딴지 변호사　그러니까 팔만대장경이 몽골의 침입을 이겨 낼 수 있는 구심점 역할을 했다는 말씀이시군요. 원고가 고려 백성의 기원을 모아 적었다는 「대장각판 군신기고문」의 의미와 내용에 대해 자세히 설명해 주시겠습니까?

이규보　「대장각판 군신기고문」이란 팔만대장경을 나무에 새기기 전에 왕과 신하가 한마음으로 글을 지어 부처님께 올린 것을 말합니다. 다시 말하자면, 팔만대장경을 만들 때 고려 사람들이 간절히 바라던 것을 내가 정리해 놓은 것이지요. 내용이 많아 모두 알려 드릴 수는 없지만 중요한 내용은 이렇습니다.

　이규보는 책상 밑에서 책을 꺼내 김딴지 변호사에게 건네주었다.

　현종 2년에 거란 왕이 크게 군사를 일으켜 와서 정벌하자 현종은 남쪽으로 피란했는데, 거란 군사는 오히려 송악성(개성)에 주둔하고 물러가지 않았습니다. 현종이 이에 여러 신하들과 함께 더할 수 없는 큰 기원으로 대장경 판본을 판각해 이루니 그 뒤 거란 군사가 스스로 물러갔습니다. 그렇다면 대장경도 한가지고 전후 판각한 것도 한가지고 군신이 함께 기원한 것 또한 한가지인데, 어찌 그때만 거란 군사가 스스로 물러가고 지금의 달단(몽골)은 그렇지 않겠습니까?

—『동국이상국집』

김딴지 변호사 이 자료를 보니 대장경을 판각한 뒤에 거란 군사가 스스로 물러갔다고 쓰여 있군요. 이것은 무슨 뜻입니까?

이규보 앞서도 말씀드렸듯이 현종이 왕위에 오른 지 2년째 되던 해 거란 군사가 고려에 쳐들어왔습니다. 왕께서는 이때 거란 군사를 피해 지금의 전라남도 나주까지 피란을 가셨지요. 그래서 부처님의 도움으로 거란 군사가 물러가기를 기원하며 초조대장경을 만들었습니다. 그런데 우연인지는 몰라도 대장경을 한창 새길 때 거란 군사가 정말로 물러갔지 뭡니까. 그래서 이때부터 우리 고려 사람들은 대장경이 우리 민족과 나라를 지켜 준다고 믿기 시작했습니다.

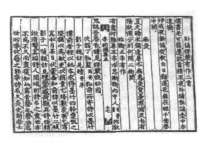

『동국이상국집』

김딴지 변호사 ▶그럼 고종 때 몽골의 침입을 받은 고려가 또다시 팔만대장경을 새긴 것도 같은 이유에서였군요?

이규보 그렇습니다. 내가 지은 「대장각판

군신기고문」에도 "어찌 그때만 거란 군사가 스스로 물러가고 지금
의 달단(몽골)은 그렇지 않겠습니까?"라고 쓰여 있지 않습니까? 고
려 사람들은 대장경이 황룡사 9층 목탑처럼 나라를 지켜 줄 것이라
고 굳게 믿고 있었습니다. 신라 시대에도 왜적이 쳐들어오면 스스로
울던 '만파식적'이 있었지요. 우리나라에는 이러한 믿음에 얽힌 문
화재가 꽤 있답니다. 일종의 수호신으로 생각해도 될 것
같군요.

김딴지 변호사   그럼 당시 사람들이 대장경을 수호신처
럼 여겼다는 증거가 있습니까?

교과서에는

▶ 몽골의 침입으로 황룡사
9층 목탑을 비롯한 수많은
문화재가 소실되었습니다.

이규보　　네. 고려 고종 때부터 관리 생활을 하면서 많은 시를 지은 김구라는 사람은 "대장경판 한 장이 백만 군사보다 낫다"고 했습니다. 대장경을 만들면 몽골 군이 물러갈 것이라고 굳게 믿었기 때문에 이런 시를 지은 것이 아니겠어요?

김딴지 변호사　　그렇군요. 그러면 이것은 김구 혼자만의 생각이었나요?

이규보　　아닙니다. 당시 대부분의 사람들이 김구처럼 생각하고 있었습니다. 그러니 많은 사람들이 내가 지은 「대장각판 군신기고문」의 내용이 옳다고 한 것 아니겠어요? 그리고 전쟁이 일어났을 때 전투를 잘하는 군사를 모으는 것도 중요하지만 민심을 단결시키는 것도 매우 중요합니다. 대장경이 바로 그런 일을 해 주었던 겁니다.

김딴지 변호사　　그렇군요. 고려의 백성이 대장경을 만들면서 마음을 모아 몽골 군을 물리친 것이군요.

이대로 변호사　　아닙니다! 당시 몽골 군은 닥치는 대로 사람들을 죽이고 약탈하는 등 고려의 국토를 무참히 짓밟았어요. 나라를 지키기 위해서는 민심을 모으는 것과 더불어 강력한 군사력을 가지고 있어야 합니다. 당시 강력한 군사력으로 앞장서서 몽골 군을 물리칠 수 있는 사람이 누구였겠습니까? 바로 피고 최우 아니겠어요?

김딴지 변호사　　말도 안 됩니다. 피고는 몽골과의 전투에 직접 참여하거나 그 대비책을 제시한 적이 없는 사람입니다. ▶철주성(평안북도 철산군)에서 박서 장군이, 처인성(경기

교과서에는

▶ 몽골은 고려가 강화도로 도읍을 옮겼다는 이유로 다시 침입해 왔어요. 그러나 처인성에서 김윤후가 이끄는 민병과 승병에 의해 몽골 장수 살리타가 사살되자 퇴각했습니다.

왜 고려는 팔만대장경을 만들었을까?

도 용인)에서 김윤후와 농민, 천민들이 몽골 군과 맞서 싸우는 동안 그가 한 일이 도대체 무엇이란 말입니까? 강화도로 도망이나 가지 않았습니까? 따라서 피고가 몽골과의 전쟁을 위해 팔만대장경을 만들었다는 것은 말도 안 됩니다.

이대로 변호사 김 변호사가 뭘 잘 모르나 보군요. 피고는 몽골의 침입으로 위기에 처한 고려를 구하기 위해 수도를 개경에서 강화도로 옮긴 것입니다. 목숨을 걸고 몽골과 맞서 싸우기 위해서 말입니다!

이때 이대로 변호사의 변론을 듣던 이규보가 갑자기 자리에서 일어나 버럭 소리를 질렀다.

이규보 아니, 그런 말도 안 되는 소리가 어디 있소!

깜짝 놀란 김딴지 변호사가 이규보를 가까스로 진정시킨 후 말을 이었다.

김딴지 변호사 판사님, 지금 피고 측 변호인은 사실이 아닌 것을 마치 사실인 양 말하고 있습니다. 피고가 수도를 강화도로 옮긴 것은 자신의 정권을 유지하기 위해서였습니다. 따라서 방금 피고 측의 변론은 잘못된 것입니다.

이대로 변호사 존경하는 판사님, 그리고 배심원 여러분, 몽골 군의 최대 약점이 무엇인지 아십니까? 대륙에서만 전쟁을 하다 보니 물위에서 싸우는 수전(水戰)에 약하다는 것입니다. 피고는 몽골 군의 약점을 이용하기 위해 강화도라는 섬으로 수도를 옮긴 것입니다. 몽골과 전쟁하기 위해서 수도를 옮긴 것인데 이를 두고 비난하는 것은 옳지 못합니다.

판사   자, 다들 진정하세요. 벌써 시간이 많이 흘렀군요. 오늘 재판에서 원고 측은 팔만대장경이 몽골 군의 침입 때, 국가적 위기 속에서 고려 사람들의 민족과 국가를 위한 현실 인식을 바탕으로 만들어진 역사 기록물이라고 주장했습니다. 이에 대해 피고 측에서는 정권 안정을 위해 수도를 강화도로 옮긴 최씨 정권이 몽골 군과 끝까지 싸우기 위해 팔만대장경을 만들었다고 주장했지요. 다음 재판에서는 오늘 못다 한 이야기를 더 해 보도록 하지요. 그럼 오늘 재판은 이것으로 마치겠습니다.

  땅, 땅, 땅!

왜 고려는 팔만대장경을 만들었을까?

문화재란 무엇일까?

문화재란 조상들의 삶의 지혜와 역사가 담겨 있는 귀중한 문화유산을 말합니다. 문화재는 각 나라 또는 겨레의 독특한 역사 풍토 안에서 이루어진 전통의 산물이기 때문에 국가의 정체성을 확립하는 데 가장 중요한 구실을 합니다.

우리가 답사를 가면 볼 수 있는 성곽, 무덤, 불상, 그리고 옛 그림, 도자기, 고서적 등을 유형 문화재라고 하며, 판소리, 탈춤과 같이 형체는 없지만 사람들의 행위를 통해 나타나는 것을 무형 문화재라고 하지요. 또한 자연 유산으로서 일상생활 및 삶을 풍요롭게 하는 데 중요하여 보존할 만한 가치가 있는 것들을 천연기념물이라고 하여 문화재에 포함하기도 합니다.

정부에서는 유형 문화재를 가치 정도에 따라서 국보, 보물, 사적, 지방 문화재 등으로 지정하여 보호하고 있습니다. 또 전통 예술 기능이 뛰어난 사람을 중요 무형 문화재 기능 보유자로 지정하여 이를 대대로 전수하도록 돕고 있지요. 문화재는 한번 없어지면 다시 만들 수도 없고 돌이킬 수도 없기 때문에 우리 모두가 주인이 되어 스스로 지키고 가꾸어야 합니다.

다알지 기자

안녕하세요. 저는 역사공화국 법정 뉴스의 다알지 기자입니다. 오늘 한국사법정에서는 고려 시대의 문인인 이규보와 최씨 정권의 제2대 집권자인 최우의 재판이 열렸는데요. 저는 지금 1차 재판이 열린 현장에 나와 있습니다. 오늘 재판에서 원고 측은 팔만대장경이 몽골 침입 시 나라를 지키려던 고려 백성에 의해 만들어졌다는 주장을 펼쳤습니다. 팔만대장경이 고려를 지켜 주는 호국의 상징이었다고 말이지요. 이에 대해 피고 측에서는 나라의 질서를 바로잡고 몽골과의 전쟁을 벌이기 위해 최우가 팔만대장경을 만들었다고 주장했습니다. 그럼 양측 변호사의 주장을 들어 볼까요?

김딴지 변호사

오늘 재판에 대단히 만족합니다. 제가 팔만
대장경에 대해 설명하는 것 들으셨지요? 하하. 정
말 준비를 많이 했다니까요. 많은 분들이 팔만대장경
으로 나라를 지킬 수 있었는지 궁금해합니다. 지금의 관점에서 보면
이해할 수 없겠지요. 그러나 고려 사람들이 팔만대장경을 나라를 지
켜 주는 호국의 상징으로 믿고 있었던 것은 분명합니다. 다만 구체적
인 물증이 없다는 점이 다소 마음에 걸리긴 합니다. 그러나 이는 팔만
대장경을 만들 때 그 과정을 기록한 문서가 사라졌기 때문입니다. 앞
으로 역사공화국 국립 문서 보관소의 지하 2층 ㉮ 구역에 보관 중이었
던 '1236-16' 서류만 찾으면 됩니다. 원고와 저는 팔만대장경이 고려
백성의 힘으로 만들어진 것이라 확신하고 있습니다. 8만여 장에 이르
는 대장경판을 최우 정권 혼자서 만들 수 있었겠습니까? 진실은 반드
시 밝혀집니다. 다음 재판에서 확실히 보여 드리지요.

이대로 변호사

오늘 변론은 좀 재미가 없었습니다. 팔만대장경
이라는 문화재를 왜 만들었느냐를 밝히는 과정이었
는데, 원고 측에서는 불교, 부처, 호국 운운하면서 재판을
오히려 어지럽게 만들었습니다. 하지만 팔만대장경 조판 사업은 당시
최고 권력자였던 최우가 주도했다는 것을 꼭 기억해 주십시오. 그리고
피고는 역사공화국 국립 문서 보관소의 지하 2층 ㉮ 구역에 보관되어
있었던 '1236-16' 서류에 대해서는 아는 바가 없다고 합니다. 원고 측
에서는 피고가 이 문서를 숨겼다고 생각하는 것 같은데, 글쎄요. 진실
은 밝혀지겠지요. 그럼 이만.

팔만대장경을 만들던 마음을
엿볼 수 있는 고려의 불화

고려는 불교를 숭상하여 국교(國敎)로 정했어요. 나라에 어려움이 닥치면 부처님께 기원하여 그 문제를 풀고 어려움을 해결하고자 하였어요. 몽골 군대가 쳐들어왔을 때 팔만대장경을 만든 것도 이와 같은 마음이 있었기 때문이지요. 불교를 숭상하던 고려 때 만들어진 불교 회화 작품을 한번 살펴볼까요?

미륵하생경변상도

고려 제30대 왕인 충정왕 2년에 그려진 그림이에요. 비단에 그려져 있으며 세로 178.2센티미터, 가로 90.3센티미터에 달하지요. 미륵보살이 살고 있다고 여겨지는 도솔천에서 미륵이 내려와 부처가 되고 그때까지 구제되지 못한 모든 대중을 구제한다는 내용을 그린 그림이에요. 그림은 크게 두 부분으로 나뉘는데, 윗부분에는 미륵보살이 설법하는 모습이, 아랫부분에는 사람들이 살고 있는 성의 여러 모습이 담겨 있지요. 현재 일본에 보관되어 있답니다.

양류관음도

양류관음은 사람들의 병과 괴로움을 덜어 주는 보살이에요. 자비심이 많고 사람들의 소원을 들어줌이 마치 버드나무가 바람에 나부낌과 같다 하여 붙여진 이름이지요. 그림 속 유물은 1310년에 그려진 「양류관음도」로 현재 일본에 소장되어 있어요. 우아하면서도 활기찬 그림이지요.

비로자나삼존도

그림 속 유물은 「비로자나삼존도」로 독일의 쾰른 동아시아 박물관에 소장되어 있어요. 연화장 세계에 살면서 법계에 두루 큰 광명을 내비치어 중생을 바른 길로 이끄는 부처로 알려진 비로자나불이 중앙에 앉아 있고, 그 양쪽으로 문수보살과 보현보살이 서 있어요.

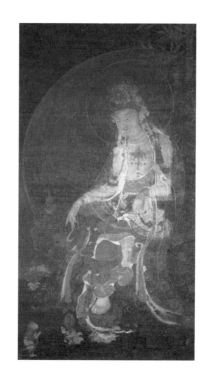

수월관음도

14세기인 고려 때 그려진 것으로 보이는 그림 속 유물은 현재 프랑스 파리의 기메 국립 동양 박물관에 소장된 「수월관음도」에요. 그림 속에는 관음보살과 함께 진리와 종교적 깨달음의 경지를 구하는 선재 동자가 대각으로 배치되어 있지요. 물속에 비친 달빛처럼 고고하면서도 사색적인 보살의 모습을 이르는 제목답게 전체적으로 자비로운 관세음보살의 모습이 채워져 있답니다.

팔만대장경은
어떻게 만들어졌을까?

1. 팔만대장경은 언제 만들어졌을까?
2. 팔만대장경은 누가 만들었을까?
3. 팔만대장경은 어디서 만들어졌을까?

교과연계

한국사
II. 고려와 조선의 성립과 발전
  2. 고려의 대외 관계와 문화 발달
    (2) 몽골의 침입

1

팔만대장경은
언제 만들어졌을까?

판사   자, 재판 둘째 날입니다. 재판을 시작하기 전에…….

    판사가 책상 위에 놓여 있는 서류 뭉치를 뒤적거리다가 종이 한 장을 손에 들고 방청석을 바라보며 말했다.

판사   제가 들고 있는 이 종이는 팔만대장경을 인쇄한 것입니다. 저는 팔만대장경을 단순히 나무판자에 새긴 불교 경전으로만 이해하고 있었는데, 알고 보니 한국의 위대한 문화유산이더군요.

    판사가 보여 준 팔만대장경에는 불교 경전이 정교하게 새겨져 있었다. 사진으로만 팔만대장경을 보았던 방청객들은 궁금한 표정을 지으며 한마디씩 말을 건넸다.

"이게 몽골의 침입 때 나무에 새긴 것이라니, 정말 신기하다."

"이것 봐, 아주 정교해."

"크기가 장난이 아니네. 이걸 새기느라 사람들이 얼마나 고생했을까?"

각수
나무에 글자나 문양을 새기는 전문가를 말합니다.

판사   오늘은 어느 쪽에서 먼저 변론하시겠습니까?

이대로 변호사   판사님, 저희 측에서 먼저 변론하겠습니다.

판사   좋습니다. 피고 측 변호인, 말씀하세요.

이대로 변호사   조금 전 판사님께서 보여 주신 팔만대장경은 세계에서 인정하는 문화유산입니다. 조선 후기의 명필이자 실학자 중 한 사람인 추사 김정희 선생은 팔만대장경이 새겨진 목판의 글씨를 보고 '신이 새긴 것'이라고 말씀하신 바 있지요. 그만큼 팔만대장경은 매우 정교하게 새겨졌는데, 이는 전문 각수(刻手)에 의해 새겨졌기 때문입니다. 피고가 각수들을 직접 뽑아 대장경을 새기도록 했지요.

이때 이대로 변호사가 갑자기 최우 쪽으로 다가가더니 귓속말로 무엇인가를 이야기한 후, 천천히 걸어 나오면서 말했다.

이대로 변호사   존경하는 판사님, 그리고 배심원 여러분, 팔만대장경은 1232년(고종 19)에 대구 팔공산 부인사에 보관 중이던 초조대장경이 불타 버리자 다시 만든 것입니다. 저희 측에서 초조대장경이 불탄 과정에 대해 새로운 사실들을 밝혀 보고자 합니다. 이에 고려에 침입했던 몽골의 장군, 살리타를 증인으로 신청합니다.

판사　받아들입니다. 증인은 나오세요.

　　판사의 허락이 떨어지자 얼굴이 거무튀튀하고 광대뼈가 튀어나온 살리타가 법정 안으로 들어왔다. 이때였다. 방청석에 앉아 있던 한 사내가 벌떡 일어나, "무고한 고려 사람들을 죽인 네 이놈!" 하면서 손바닥으로 살리타의 뺨을 '찰싹' 때렸다. 그러자 법정 경위 두 명이 달려들어 그 사내의 양팔을 잡고 법정 밖으로 끌고 나갔다.

판사　여러분, 여기는 신성한 법정입니다. 소란을 피운다면 바로 퇴정시키겠습니다. 주의하세요. 자, 증인은 선서해 주십시오.

살리타　선서! 나 살리타는 진실만을 말할 것을 맹세합니다.

이대로 변호사　잠시 소란이 있었습니다. 죄송합니다.

살리타　이런 일이 있을 것이라고 내가 이야기하지 않았소? 그래서 출석하지 않으려고 했는데, 도대체 나한테 궁금한 게 무엇이오?

이대로 변호사　증인은 몽골 군의 지휘관으로서 1231년(고종 18) 8월에 고려에 침입했습니다. 맞습니까?

살리타　그렇습니다. 8월에 압록강을 건너고 9월에 철주성을 공격했는데, 성이 박씨라는 어떤 장수가 우리 몽골 군에 맞서더군요.

이대로 변호사　아, 박서 장군 말씀이군요.

살리타　그 사람이 맞는 것 같군요. 나도 몽골 벌판에서 여러 전투에 참여해 용맹하게 싸워 보았지만 박서 그 양반에게는 못 당하겠더군요. 9월부터 12월까지 네 차례에 걸쳐 공격했고 한번은 30일 동안 계속 공격했는데, 방어를 어찌나 잘하던지. 내 부하들이 여러 겹으로 철주성을 에워싸고 수차례 공격하면서 우리가 생포한 위주 부사 박문창을 성안으로 들여보내 항복을 권유했지만, 그 양반은 도리어 박문창을 처형한 후 죽을 각오로 싸우더군요. ▶우리가 애를 많이 먹었습니다. 오죽했으면 나의 부하 장수 중 하나가 "천하의 많은 성에서 전투를 해 보았지만, 이처럼 공격당하면서도 끝내 항복하지 않은 경우는 보지 못했다"라고 입이 마르도록 칭찬했겠습니까! 그 사람…….

이때 이대로 변호사가 한쪽 손을 들며 살리타의 말을 가로막았다.

이대로 변호사　증인, 제가 묻는 말에만 대답해 주시면 됩니다.

살리타　아니, 조금만 더 하겠소. 글쎄 내가 철주성을 함락시키려고 부하들에게 수레와 거대한 평상을 만들게 한 후 주위를 쇠가죽으로 싸고 그 속에 군사를 숨겼소. 철주성 아래로 접근하여 굴을 뚫기 위해서였지요. 그런데 박서 장군이 우리가 뚫어 놓은 구멍에다 쇳물을 부어 버리는 것이 아니겠소? 그것도 모자라서 바짝 마른 풀에 불을 붙여 나무로 만든 평상에 던졌소. 그러니 그 속에 있던 우리 군사들이 어떻게 되었겠소? 내 휘하에 그런 장수 하나만 있었다면 고려 정복은 손쉽게 끝낼

교과서에는

▶ 의주를 점령한 몽골 군은 귀주에서 박서 장군의 완강한 저항에 부딪히자 길을 돌려 개경을 포위했습니다.

수 있었을 텐데.

이대로 변호사   증인, 그 이야기는 이제 그만하시고, 장군이 이끈 몽골 군이 언제부터 언제까지 고려에 머물렀는지 말씀해 주시지요.

서경
오늘날의 평양을 말합니다.
남경
오늘날의 서울을 말합니다.

살리타   오래전 일이라 정확히 기억나지는 않네요. 1231년 8월에 나는 군사를 이끌고 압록강을 건너 의주를 통해 고려에 들어왔어요. 이때 우리 군대는 두 갈래로 나뉘어 진격했습니다. 하나는 서해안의 철주와 곽주를 거쳐 서경에 이르렀고, 다른 하나는 내륙의 귀주와 자주 등을 거쳐 서경에 이르렀지요. 11월 29일 개경 근교에 도달하자, 고려 정부는 위기를 느끼고 우리에게 화의를 요청했소. 그래서 나는 이를 흔쾌히 승낙했고, 이듬해 1월에 군사를 데리고 내 조국인 몽골로 돌아갔소이다.

이대로 변호사   저희 측 조사에 따르면 증인은 1232년 7월에 피고 최우가 강화도로 수도를 옮겼다는 이유로, 그다음 달인 8월에 고려에 다시 침입했다고 합니다. 당시 상황을 자세하게 설명해 주시겠습니까?

살리타   8월부터 우리 군사들이 개경, 남경 등지를 공격했어요. 이때 사실은 임시 수도였던 강화도를 공격하려고 선박을 만들 계획까지 세웠지요. 그러나 우리 군사들이 바다에서 전투를 해 본 경험이 없어 포기하

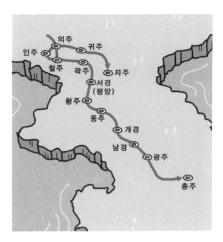

살리타의 침입 경로

고, 충청북도 충주와 경상북도 상주 등 남부 지방을 집중
적으로 공격하기로 했소. 이 과정에서 상주에 있던 우리
별동 부대가 대구 인근까지 진격하여 공산성으로 몸을 피
했던 고려 사람들을 쫓았고, 10월 하순경 팔공산 부인사에 보관된
초조대장경을 불태웠다고 보고받은 기억이 납니다.

이대로 변호사   혹시 초조대장경을 고려 백성이 불태웠다는 이야
기를 알고 계십니까?

살리타   그런 이야기를 듣기는 했지만 난 잘 모르오.

이때 얼굴이 벌겋게 달아오른 김딴지 변호사가 자리를 박차고 나
왔다.

김딴지 변호사   판사님, 지금 피고 측 변호인은 유도 신문을 하고
있습니다. 일부 학자들은 몽골 군이 소백산맥을 넘지 않았다고 주장
하면서, 당시 고려 백성들이 부인사를 약탈하는 과정에서 초조대장
경이 불탔다고 주장하기도 합니다. 그러나 『고려사』, 『세종실록지리
지』 등 여러 사료들을 면밀히 검토해 보면 알겠지만, 몽골 군은 소백
산맥을 넘어 경상남도 양산 인근까지 진격했습니다. 고려 백성이 초
조대장경을 불태웠다니요? 확인되지 않은 사실을 가지고 유도 신문
하는 것을 제지해 주시기 바랍니다.

판사   인정합니다. 피고 측 변호인은 주의해 주세요.

이대로 변호사는 "그냥 물어본 것뿐인데……"라고 혼잣말을 중얼거리며 신문을 마쳤다. 판사가 김딴지 변호사에게 증인을 신문할지 물어보았으나, 그는 고개를 가로저었다.

판사 　좋습니다. 증인은 돌아가도 좋습니다.

살리타는 법정 문을 발로 툭 차면서 나가 버렸다.

판사 　그런데 한 가지 궁금한 점이 있습니다. 부인사에 보관하던 초조대장경이 1232년에 불탔다면, 왜 곧바로 팔만대장경을 만들지 않고 1236년이 되어서야 만든 것입니까?

이대로 변호사 　역시 판사님은 날카로우시군요. 초조대장경이 불탄 뒤 팔만대장경을 만들기까지 시간이 걸린 것은 준비 기간이 필요했기 때문입니다. 대장경을 만들려면 우선 대장경판을 만들 나무를 베어 일정한 크기로 잘라야 합니다. 그 후 나무가 뒤틀리거나 썩거나 벌레 먹는 것을 막고 조각하기 편리하게 하기 위해 베어 온 나무를 바닷물에 3년 동안 담가 두어야 했어요. 또 판각에 필요한 조각칼, 종이 등 각종 물품을 준비해야 했으며, 대장경을 새기기 전에 각종 불교 경전을 일일이 비교·검토하고 종이에 옮겨 써야 했습니다. 바로 이런 준비 시간이 필요했던 것이지요.

김딴지 변호사 　판사님, 피고 측 변호인의 말 중에 팔만대장경을 만들기 위해 판자를 3년 동안 바닷물에 담가 두었다는 말은 사실이 아닙니다. 전문가의 실험에 따르면, 실제 남해 앞바다에 통나무를 3년 동안 담가 둔 후 바닷물이 배어 들어간 깊이를 조사해 보니 나무껍질 아래로는 거의 스며들지 않았다고 합니다. 이러한 실험 결과는 판자를 일정 기간 동안 바닷물에 담가 두는 것이 필수 과정이 아니었다는 것을 증명합니다.

판사　　그래요? 바닷물에 일정 기간 동안 담가 두지 않았다면 다른 조치를 취했습니까?

김딴지 변호사　　네. 바로 나무판자를 소금물에 삶는 작업입니다. 이는 나무의 갈라짐, 틀어짐, 굽음 등 여러 가지 변형을 예방하기 위함이었지요.

판사　　그럼 그런 준비를 하느라 팔만대장경을 만들기까지 그토록 오랜 시간이 걸린 것입니까?

김딴지 변호사　　그것만은 아닙니다. 당시는 강화도로 수도를 옮길 것을 주장하는 피고 측과 이에 반대하는 고종 측이 팽팽히 맞서 국론이 분열된 상황이었습니다. 따라서 국론을 통일하고 강화도가 수도로서 기능을 갖추도록 하기 위해서 정비할 시간이 필요했습니다. 또한 팔만대장경을 만들기 위한 도감을 설치하고 판각에 필요한 각종 준비물을 갖추기 위해서도 많은 시간이 걸렸을 겁니다. 그래서 초조대장경이 불탄 이후 곧바로 팔만대장경을 만들지 못했던 것입니다.

판사　　이제 이해가 되는군요. 그럼 다음으로 팔만대장경을 만드는 데 참여한 사람들에 대해 이야기해 봅시다.

팔만대장경은
누가 만들었을까?

김딴지 변호사가 여유로운 표정으로 걸어 나왔다.

김딴지 변호사　▶대장경을 만들기 위해서는 대장도감이라는 국가 기구를 설치하고, 불교 경전을 선별하여 어디서 어떻게 판각할 것인 지를 충분히 의논해야 합니다. 팔만대장경 중 순서상 제일 처음 배 열된 경전은 『대반야바라밀다심경』인데 제1권이 1236년(고종 24)에 만들어졌습니다. 『고려사』 등 사료에도 1236년부터 시작하였다고 한 것으로 보아 그 해에 착수되었을 것입니다.

판사　그럼 팔만대장경 판각은 누가 주도적으로 기획하고 추진했 나요?

김딴지 변호사　바로 원고 이규보입니다.

팔만대장경의 판각 사업을 건의한 사람이 이규보였다
는 김딴지 변호사의 발언에 방청석이 술렁였다.

"팔만대장경 판각 사업을 이규보가 건의했다고?"

"그런가 봐. 그럼 이번 재판은 끝난 거 아니야?"

판사 여러분, 조용히 하세요. 원고 측 변호인은 계속 변
론하세요.

김딴지 변호사 원고는 개태사의 주지 수기, 승통 천기, 일암 거사
정안 등이 주장하는 현실적·민족적 입장을 수용하여 판각 사업의
이론적 토대를 마련한 후 이를 건의했습니다. 다시 말하면, 원고 자
신의 현실 인식은 물론이고 당시 문인 지식인과 불교계의 인식을 충
분히 반영해 팔만대장경을 만들자고 했던 것이지요. 이는 원고가 지
은 「대장각판 군신기고문」에도 잘 나타나 있습니다. 이를 확인하기
위해 일암 거사 정안을 증인으로 신청합니다.

판사 증인은 나와서 선서해 주세요.

이름이 불리자 정안이 증인석에 앉았다.

정안 선서! 나 정안은 신성한 법정에서 진실만을 말할
것을 맹세합니다.

판사 증인은 간단히 자기소개를 해 주세요.

정안 나는 정안이라고 합니다. 본래 이름은 '정분'이며,

승통
고려 시대 교종의 최고 법계를
지칭하는 직책입니다. 나라에서
주관하는 과거 시험 중 하나인
승과에 합격한 뒤 대선 - 대덕 -
대사 - 중대사 - 삼중대사 - 수
좌 - 승통 순으로 승진하고 이르
게 된다고 합니다.

교과서에는

▶ 고려는 1236년에 대장도
감을 설치하고 팔만대장경을
만들기 시작하여 1251년에
완성했습니다.

피고와는 처남과 매부 사이지요. 매부는 권력을 마음대로 휘두르며 나를 미워했습니다. 그래서 나는 신변의 위협을 느끼고 1241년경에 경상남도 남해로 물러난 뒤 늙으신 어머님을 봉양하며 지냈지요. 나는 팔만대장경 판각을 위해 재산의 반을 내놓기도 했습니다.

김딴지 변호사　증인은 1236년에 『묘법연화경』이라는 불교 경전을 판각하기도 했지요?

정안　네. 내가 『묘법연화경』을 판각한 건 한창 팔만대장경 판각을 준비하던 때였습니다. 나는 이 책에서 임금의 안녕과 나라의 평안, 몽골 군의 격퇴를 기원했고, 마지막으로 최씨 정권의 안녕을 바란다고 적었지요.

김딴지 변호사　그러면 증인이 쓴 글은 원고의 「대장각판 군신기고문」과 어떤 차이가 있습니까?

정안　큰 차이는 없습니다. 당시에는 불교 경전의 끄트머리에 내가 지은 내용처럼 기원문을 적었거든요.

김딴지 변호사　모든 사람들의 바람을 불교 경전마다 적어 넣은 것이군요. 그럼 증인은 원고와 어떤 사이입니까?

정안　나는 평소 이규보와 시를 주고받으면서 현실에 대한 의견을 나누었습니다. 내가 그에게 정치에 대한 문제와 지방의 분위기를 조언해 주기도 했지요.

김딴지 변호사　존경하는 판사님, 그리고 배심원 여러분, 지금 증인의 말에 주목해 주십시오. 증인은 지금 원고가 「대장각판 군신기고문」을 혼자만의 생각으로 적은 것이 아니라 당시 사람들의 생각을 충분히 반영한 것이라고 증언하고 있습니다. 이상입니다.

판사   피고 측 변호인, 신문하세요.

이대로 변호사는 헛기침을 여러 번 하면서 정안에게 다가갔다.

이대로 변호사   증인, 피고가 왜 당신을 미워했겠습니까? 아마도 매부의 권력을 믿고 사치와 향락에 빠진 증인을 경계하기 위함이 아니었을까요? 그리고 증인이 팔만대장경을 판각할 때 재산의 절반을 내놓았다고 했는데, 이는 처남으로서 당연한 도리가 아닌가요?

정안   내가 사치와 향락에 빠졌다는 비판에 일부 수긍은 합니다만 그것 때문에 미움을 받았다고는 생각하지 않습니다. 또한 팔만대장경을 판각할 때 재산의 절반을 내놓은 것은 불교를 좋아하는 사람으로서 행한 당연한 도리였습니다.

이대로 변호사   제가 조사한 바에 따르면 증인은 매부의 외손자, 즉 최우의 외손자를 자식처럼 길렀다고 합니다. 왜 그랬습니까?

정안이 잠시 머뭇거리면서 김딴지 변호사를 바라보더니 고개를 숙이며 말했다.

정안   그거야…….

이대로 변호사   증인은 피고에게 잘 보이기 위해 그의 외손자를 자식처럼 길러 주었습니다. 친애하는 판사님, 증인 정안이 단순히 불교를 좋아해서 자기 재산의 절반을 내놓았겠습니까? 뭔가 딴생각이 있었겠지요. 이상입니다.

판사가 김딴지 변호사에게 증인을 다시 신문할지 물어보자, 그는 난감한 표정을 지으면서 증인 곁으로 다가갔다.

김딴지 변호사　한 가지만 묻겠습니다. 증인은 피고의 아들인 최항에게 재산을 몰수당하고 백령도에 유배되었다가 죽었지요?
정안　네. 최항이 사람을 보내어 나를 바닷물에 빠뜨려 죽였습니다.
김딴지 변호사　그 이유가 무엇입니까?
정안　최항은 평소 나에게 예절 바르게 행동했지만 속으로는 나를 몹시 시기했습니다. 더 이상 떠올리기 힘들군요. 증언을 마치고 싶습니다.

이때 이대로 변호사가 일어나려고 하자, 최우가 그만하라는 눈짓을 보냈다. 이대로 변호사는 슬그머니 자리에 앉았다.

판사　그럼 증인은 돌아가도 좋습니다.

정안은 증인석에서 내려오며 최우를 향해 인사하고 법정을 빠져나갔다. 최우는 천장만 물끄러미 바라보고 있었다.

김딴지 변호사 방금 들으신 것처럼 증인 정안은 피고에게 미움을 받았을 뿐만 아니라 그의 아들에게 죽임을 당했습니다. 만약 팔만대장경을 최씨 정권이 주도해서 만들었다면 최씨 정권과 사이가 좋지 않은 증인이 재산의 절반을 내놓았겠습니까? 팔만대장경의 판각은 원고가 관료 및 불교계 등의 주요 인사들과 교유하면서 기획하고 제안한 것입니다. 그리고 이 제안을 받아들인 고종이 팔만대장경을 만들라고 명령한 것이고요.

판사 증언을 들으니 팔만대장경은 원고의 건의로 만들어졌다는 것을 알겠습니다. 그런데 원고의 건의를 받아들여 팔만대장경을 만들도록 명령한 것이 고종이었다고요?

간기
간행본에 출판한 때, 장소, 간행자 등을 기록한 부분을 말합니다.

김딴지 변호사 그렇습니다. 팔만대장경 각 권의 마지막에 적힌 간기를 보면 "○○년에 고려국의 대장도감에서 황제의 명령을 받들어 새기고 만들다" 또는 "○○년에 고려국의 분사 대장도감에서 황제의 명령을 받들어 새기고 만들다"라고 분명히 쓰여 있습니다. 이를 보더라도 팔만대장경이 황제, 즉 고종의 명을 받아 만들어졌다는 것을 알 수 있습니다.

이대로 변호사 고종이 팔만대장경을 만들도록 명령했다고요? 원고 측 변호인의 주장대로 그것이 사실이라 칩시다. 그렇다 하더라도 고종이 명령을 했느냐 하지 않았느냐는 그다지 중요한 문제가 아닙니다. 팔만대장경을 주도적으로 만든 사람이 실제로 누구

팔만대장경 간기

였는지가 더 중요하지요. 팔만대장경은 분명 피고가 주도적으로 만든 것입니다.

판사 피고 측 변호인, 팔만대장경을 최우가 주도적으로 만들었다는 증거라도 있습니까?

그러자 이대로 변호사는 기다렸다는 듯이 두꺼운 책을 꺼내 들고 배심원 앞으로 다가갔다.

이대로 변호사 네, 증거를 제시하겠습니다. 『고려사』 열전 「최우」 편에 피고가 팔만대장경이 만들어질 때 자신의 재산을 내놓았다고 적혀 있습니다. 이 기록만 보더라도 팔만대장경은 피고가 만든 것이 틀림없습니다.

김딴지 변호사 아닙니다. 팔만대장경은 고종을 중심으로 전 계층이 힘을 모아 만든 것입니다. 『고려사』 중 1251년(고종 38)의 기록에 따르면, "현종 때 판본이 임진년 몽골 병사에 의해 불타 버렸다. 왕이 여러 신하와 함께 다시 발원하여 도감을 설치하고 16년 만에 그 일을 마쳤다"라고 되어 있습니다. 이 기록을 보면, 1232년에 대구 팔공산 부인사에 보관 중이던 초조대장경이 불타자 고종이 여러 신하들과 함께 도감을 설치하고 판각을 시작했다는 것을 알 수 있습니다.

이대로 변호사 고종을 중심으로 모든 계층이 힘을 모아 팔만대장경을 만들었다니요? 당시 모든 실권은 저기 앉아 있는 피고 최우가 쥐고 있었다는 것을 알면서도 그런 말을 한단 말입니까? ▶여러분들도 다 아시다시피 당시 최씨 정권은 정방, 교정도감 등의 기구를 만들어 강력한 권력을 장악하고 있었습니다. 피고는 팔만대장경을 만들 때 많은 재산을 내놓았고요. 존경하는 판사님, 피고에게 발언할 기회를 주셨으면 합니다.

판사   좋습니다. 피고는 나와서 진술해 주세요.

최우가 자리에서 일어나 앞으로 걸어 나왔다. 거무스레한 얼굴에 배는 불룩했지만 키와 덩치가 크고 풍채는 매우 당당했다. 굳게 다문 입술에 가지런한 수염, 날카로운 눈빛은 방청객의 시선을 끌기에 충분했다.

이대로 변호사   몽골 침략 당시 고려의 실권을 쥐고 있던 피고로선 팔만대장경 제작과 관련해 하실 말씀이 많을 듯한데요, 당시 상황을 말씀해 주시겠습니까?

최우   여러분, 나는 몽골 군이 쳐들어왔을 때 뛰어난 계략으로 고려의 수도를 강화도로 옮겼습니다. 내가 직접 고종의 수레를 끌고 갔지요. 그곳에서 나는 나라의 행복과 이익을 위해 도감이라는 관청을 세우고 내 재산을 거의 다 보태 팔만대장경을 만들었습니다. 그런데 안타깝게도 나는 팔만대장경이 다 만들어지기 전에 이곳 역사공화국에 오게 되었지요.

교과서에는

▶ 최충헌의 아들인 최우는 교정도감을 통해 정치권력을 행사했어요. 또 자신의 집에 정방을 설치하여 관직에 대한 인사권 역시 장악했습니다.

이대로 변호사   네, 그렇습니다. 팔만대장경은 1236년부터 1251년까지 제작되었습니다. ▶다시 말해 최씨 정권의 제2대 집권자인 최우의 주도 아래 진행되어 그의 아들인 최항에 의해 완성되었지요. 따라서 팔만대장경을 만든 주인공은 최씨 정권이라고 할 수밖에 없습니다.

이때 김딴지 변호사가 자리에서 일어나 방청석을 향해 큰 소리로 말했다.

김딴지 변호사   피고가 팔만대장경을 만들 때 자신의 재산을 내놓았다고 했는데, 과연 그럴까요? 고종과 모든 고려 백성이 힘을 합쳐 팔만대장경을 만든다고 하니까 최씨 정권에서 가만히 있을 수 없어 돈을 낸 것은 아닐까요? 이것은 정치 지도자들이 팔만대장경을 만드는 사업에 참여한다는 것을 알리기 위한 술수에 불과했습니다. 지금 지상 세계에서도 여름철 태풍이나 폭우, 겨울철 폭설로 인해 많은 사람들이 피해를 입게 되면 이재민을 돕기 위해 정치인이나 사업가, 일반 시민이 성금을 내지 않습니까? 고려 시대라고 해서 다를 게 있겠습니까?

이대로 변호사   판사님, 이의 있습니다. 지금 원고 측 변호인은 고종을 중심으로 모든 고려 백성이 팔만대장경을 만든 것처럼 배심원들에게 혼란을 주고 있습니다. 이는 팔만대장경을 만들 때 많은 재산과 공을 들인 최씨 정권을

교과서에는

▶ 최씨 정권은 민심을 모으고 부처의 힘으로 몽골 군을 물리치기 위하여 팔만대장경 조성 사업을 시작했습니다.

모독하는 것입니다.

판사   재판이 활기를 띠는 것 같아 보기 좋습니다만, 양측 변호인은 진정하세요. 그런데 궁금한 것이 하나 있습니다. 피고가 도감을 세우고 팔만대장경을 만들었다고 말했는데, 도대체 도감이 무엇입니까?

김딴지 변호사   판사님, 도감은 어떤 일을 추진하기 위해 설치한 임시적인 국가 기구를 말합니다. 대장도감은 대장경을 만들기 위해 임시로 만든 기구라고 할 수 있지요. 그런데 팔만대장경을 만들 때는 대장도감의 관리들을 따로 구성하지 않았습니다.

판사   아니, 왜요?

김딴지 변호사   이는 고려의 통치 조직 전체를 팔만대장경을 만들기 위한 기구로 전환했기 때문입니다. 당시 고려의 통치 조직은 대장경 판각과 관련해 정책적 기능을 담당했어요. 고려의 여러 도감은 특정 인물에 의해 주도된 것이 아니라, 고종을 중심으로 여러 관료들이 모여 의논한 후 최종 결정을 내렸습니다.

판사   그러면 팔만대장경 판각에 대한 정책적 기능을 고종이 담당했다는 말입니까?

김딴지 변호사   그 부분은 다르게 보아야 합니다. 고종을 중심으로 대장도감이 운영되긴 했지만 정책적인 기능은 최씨 정권이 직접 담당했으니까요.

이대로 변호사   판사님, 지금 원고 측 변호인은 말을 바꾸고 있습니다. 지금까지 원고 측에서는 최씨 정권이 팔만대장경 판각을 주도

하지 않았다고 주장해 왔습니다. 그런데 이제 와서 정책적인 기능은 피고가 담당했다고 말하는 저의가 무엇인지 모르겠습니다. 이번 재판에서 이길 가능성이 없다는 것을 스스로 인정하는 것 같습니다.

김딴지 변호사　천만의 말씀입니다. 당시 실질적인 권력이 최씨 정권에 있었으므로 팔만대장경을 만드는 과정에서 정책을 집행하는 것은 피고가 담당했을 것이라는 얘기를 한 것뿐입니다.

판사　좀 복잡하네요. 쉽게 설명해 보세요.

　　김딴지 변호사는 한참 동안 생각을 정리한 뒤 변론을 이어 갔다.

김딴지 변호사　몽골과의 전쟁이 길어지자 많은 재산을 소유하고 있던 지배층은 고통스러워했습니다. 자신들이 지금까지 누리던 많은 것들을 잃을까 봐 두려웠던 것이지요. 따라서 당시 지배층은 자신들의 지배 체제를 유지하기 위해 현실적인 선택을 하기로 했습니다. 피고가 팔만대장경 판각 사업에 적극적으로 참여한 것도 바로 이 때문이지요.

이대로 변호사　존경하는 판사님, 그리고 배심원 여러분, 원고 측 변호인은 지금 최씨 정권이 팔만대장경 판각 사업과 밀접한 관련이 있다는 것을 스스로 인정하고 있습니다! 이로써 피고가 팔만대장경을 만들지 않았다는 원고 측의 주장이 얼마나 허황한 것인지 잘 알 수 있습니다.

　왜 고려는 팔만대장경을 만들었을까?

김딴지 변호사가 이대로 변호사와 배심원석을 번갈아 바라보면서 말했다.

김딴지 변호사　끝까지 들어 보세요, 이대로 변호사. 강화도 천도 과정에서 최씨 정권은 강압적인 분위기를 만들었습니다. ▶본토에 남아 있는 고려 백성의 안전은 생각하지 않고 자신들의 권력을 유지하기 위해 수도를 개경에서 강화도로 옮겼지요. 아마도 고려 백성들은 자신들을 보호하고 이끌어 주어야 할 지배층이 자신의 안전만을 위해 수도를 옮긴 것에 대해 상당한 불만을 가지고 있었을 것입니다. 그러니 어느 누가 최씨 정권을 믿고 따르겠습니까? 고려 백성이 최씨 정권의 명령을 무시했던 데에는 다 이유가 있었지요.

　　배심원석에 앉아 있던 일부 배심원이 고개를 끄덕이자, 김딴지 변호사가 그들에게 다가가 말했다.

김딴지 변호사　최씨 정권을 비롯한 일부 지배층은 그들의 지배 체제를 유지할 수 있는 방법이 무엇인가를 생각했을 것입니다. 그리고 이런 결론에 도달하게 되었지요. 팔만대장경 판각 사업을 주도하게 되면 흩어진 백성들의 민심이 자신들에게 모일 것이고, 그렇게 되면 자신들의 지배 체제 아래 그들을 순응시킬 수 있을 것이라고 말이지요. 결국 최씨 정권은 무너진 지배 체제를 다시 구축하고자 팔만대장경 조

성의 정책적인 기능을 담당했던 것입니다. 그러다 보니 팔만대장경 판각에 소요되는 경비 중 일부를 최씨 정권에서 내놓은 것이고요.

판사　알겠습니다. 그렇다면 구체적으로 최씨 정권은 어떤 정책적 기능을 담당했습니까?

김딴지 변호사　판사님, 여기서 말하는 정책적 기능에는 팔만대장경 판각을 기획하거나 행정적으로 지원하는 것이 있습니다. 그리고 조금 전에 말씀드린 대로 최씨 정권에게 유리하도록 사회 분위기를 조성하는 것도 포함되어 있었지요. 팔만대장경의 간기에 "고종의 칙령을 받들어 판각했다"고 밝힌 것도 이 사업이 개인에 의한 것이 아니라 국가의 사업임을 밝히면서 민심을 회복하려던 술수였고요.

판사   그렇군요. 그럼 이쯤에서 재판의 원활한 진행을 위해 몇 가지 내용을 정리할 필요가 있겠군요. 피고가 모든 힘을 모아 팔만대장경 판각 사업을 추진했던 것은 틀림없는 것 같습니다.

판사는 두 변호사를 번갈아 보면서 말을 이었다.

판사   몽골의 침입으로 인해 고려 백성은 가족의 죽음까지 직접 겪으며 상당한 고통을 받게 되었습니다. 그러나 당시 집권자인 최씨 정권과 지배층은 백성들을 본토에 버려 둔 채 수도를 개경에서 강화도로 옮겼어요. 그러자 고려 백성은 배신감을 느끼게 되었지요. 이때 대구 부인사에 보관되어 있던 초조대장경이 몽골의 침입을 받아 불타게 되었고, 고려 백성들은 대장경을 다시 만들자며 하나로 뭉치게 됩니다. 당시 실질적인 집권자인 최씨 정권은 팔만대장경을 판각하기 위해 자신들의 재산을 시납했고, 이는 큰 파급 효과를 가져와 지배층에서 각종 재물 등을 시납했을 것입니다. 하지만 최씨 정권은 자기 재산의 상당 부분을 시납하고도 황제의 명령을 받들어 팔만대장경을 판각했다고 밝힐 수밖에 없었습니다. 최씨 정권이 개인적으로 판각 사업을 주도했다면 아마도 고려 사람들의 큰 반발에 부딪혔을 것이기 때문입니다.

칙령
황제의 명령을 말합니다.

시납
절에 시주로 금품 등을 바치는 것을 말합니다.

판사의 이야기가 끝나자 배심원들과 방청석의 청중들은 고개를
끄덕이며 웅성거렸다.

"휴! 지루한 공방전이 한 매듭을 짓나?"

"이제 정리가 되는군."

김딴지 변호사　　그렇습니다. 여기서 제가 강조하고 싶은 것은 팔만
대장경 판각 사업에 고종도 일정한 역할을 했다는 것입니다.

이때 이대로 변호사가 최우와 귓속말을 주고받은 뒤 반론을 위해
법정 중앙으로 걸어 나오며 말했다.

이대로 변호사　　원고 측 변호인의 주장은 근거가 없습니다. '1236-
16' 문서를 보면…….

최우　　이 변호사!

최우는 이대로 변호사의 말에 깜짝 놀라 황급히 소리쳤다. 그러자
이대로 변호사가 상기된 얼굴로 자리로 돌아가면서 말했다.

이대로 변호사　　저희 측은 불만이 많습니다만 이쯤에서 받아들이
겠습니다.

팔만대장경,
고려가 황제의 나라임을 알리다

팔만대장경의 간기를 살펴보면 고려 사람들의 대외적인 자주성과 대몽 항쟁 의지를 알 수 있습니다.

팔만대장경의 간기에는 "황제의 명을 받아 팔만대장경을 만들었다"라면서 황제의 명령을 의미하는 '봉칙'이라는 말을 썼습니다. 이러한 간기는 해인사에 보관 중인 대장경판에서만 볼 수 있는 것이지요. 대각국사 의천이 만든 속장경의 간기에서는 "제후의 명으로 만들었다"라고 하여 제후국, 즉 황제보다 낮은 왕의 명령을 의미하는 '봉선'이라는 말을 썼습니다.

아시아에서 황제란 말은 중국의 왕을 의미하는데, 이러한 용어를 팔만대장경에서 썼다는 것은 고려의 대외적인 자주성이 속장경을 만들 때보다 더욱 강조된 것이라고 볼 수 있습니다. 특히 팔만대장경에는 중국 연호가 아닌 고려의 독자적인 표기 방식인 '○○세(歲) 고려국(高麗國)……'라고 한 것에서 확인할 수 있습니다. 팔만대장경의 간기 '○○세고려국대장도감봉칙조조'는 '12△△년 고려국대장도감에서 (고종)황제의 명을 받들어 경판을 새기고 만들었습니다'라 해석됩니다. 예를 들면 팔만대장경이 처음 만들어진 고종 24년은 육십간지에 따르면 정유년(丁酉年) 즉 1236년에 해당됩니다. 그래서 '정유세고려국대장도감봉칙조조'라고 하면 '1236년 고려국대장도감에서 (고종)황제의 명을 받들어 경판을 새기고 만들었습니다'로 해석됩니다.

3

팔만대장경은
어디서 만들어졌을까?

판사   알겠습니다. 그럼 다음 주제로 넘어가겠습니다. 원고 측 변호인, 팔만대장경을 판각할 때 운영된 기구는 무엇이며, 또 팔만대장경이 어디서 만들어졌는지에 대해 말씀해 주시기 바랍니다.

김딴지 변호사   네. 팔만대장경은 대장도감과 분사 대장도감이라는 기구에서 만들어졌습니다.

판사   '분사'라는 말은 무슨 뜻입니까?

김딴지 변호사   '분사'란 고려의 독특한 제도 중 하나입니다. 고려 건국 직후 서경을 중시한 태조 왕건이 서경에 개경의 중앙 행정 기구와 유사한 독립적인 행정 기구를 설치했는데, 이를 '분사 제도'라고 합니다.

판사   대장도감과 분사 대장도감의 업무가 달랐나요?

왜 고려는 팔만대장경을 만들었을까?

김딴지 변호사 대장도감은 팔만대장경 판각 사업의 실무를 집행하면서 정책 입안, 기획 및 행정 지원 등을 담당했고, 분사 대장도감은 대장도감 아래 있는 조직으로 대장경을 만들 나무의 벌목, 운반, 가공 등의 실무뿐 아니라 각종 물자의 조달, 사람의 동원 등 업무도 맡았습니다.

판사 두 기구는 어디에 설치되었습니까?

김딴지 변호사 최씨 정권이 통치 기구 전체를 대장도감으로 전환했으므로 대장도감은 임시 수도인 강화도 어딘가에 설치되었고, 분사 대장도감은 전국의 주요 지역에 설치되었던 것으로 알고 있습니다.

이대로 변호사 판사님, 지금 원고 측 변호인은 대장도감이 강화도의 선원사에 설치되었다는 것을 모르는 것 같습니다. 선원사는 피고가 팔만대장경을 만들기 위해 창건한 사찰로 이곳에 대장도감이 설치되었다는 것은 누구나 아는 사실입니다.

김딴지 변호사 아닙니다. 대장도감은 강화도 선원사에 설치되지 않았습니다. 이는 『동문선』이라는 책에 있는 진명국사 비문을 살펴보면 바로 알 수 있습니다. 앞서 말씀드렸듯이 팔만대장경 판각 사업은 1236년(고종 23)에 시작되었습니다. 그렇다면 대장도감도 판각 사업 시작과 함께 설치되어야 마땅하겠지요. 그러나 『동문선』을 보면 강화도의 선원사는 이보다 9년 뒤인 1245년(고종 32)에 창건되었다고 나와 있습니다. 따라서 대장도감이 선원사에 설치되었을 리가 없습니다.

이대로 변호사 그, 그건…….

『동문선』

조선 전기의 문신인 서거정, 노사신, 강희맹, 양성지 등 23명이 성종의 명을 받아 편찬한 우리나라 역대 시문 선집입니다.

이대로 변호사가 머쓱한 표정을 지으면서 머뭇거리자 김딴지 변호사가 말을 가로챘다.

김딴지 변호사   대장도감이 강화도 선원사에 설치되었다는 피고 측의 주장은 여러 자료를 면밀하게 검토하지 않았기 때문에 생긴 오해입니다. 선원사는 팔만대장경을 보관하던 장소였을 뿐입니다.

김딴지 변호사가 뒷주머니에서 손수건을 꺼내어 이마를 닦고 물을 마시려는 순간 이대로 변호사가 갑자기 끼어들며 말했다.

이대로 변호사   김딴지 변호사, 대장도감이 강화도 선원사에 설치되지 않았다는 주장은 그렇다 치고, 그럼 분사 대장도감을 전국에 설치했다는 주장에는 증거가 있습니까?

김딴지 변호사   하하, 물론이지요. 경상도 안찰부사로 재직하던 전광재가 주도하여 1248년(고종 35)에 판각한 세 권짜리 불교 경전『남명천화상송증도가사실』의 **발문**을 보면, 당시 경상도의 안찰부사였던 그가 분사 대장도감의 최고 책임자도 겸하고 있었다는 것을 알 수 있습니다.

판사   그렇다면 고려 시대 **안찰사**가 파견된 지방의 큰 고을마다 분사 대장도감을 설치했을 수도 있겠네요?

김딴지 변호사   네. 고려 시대에는 왕명으로 각종 서적을 수시로 출판했는데, 대부분 안찰사가 이 일을 추진했습니다. 따라서 고려 전기부터 이어져 오던 서적 간행 체계를 팔만대장경을 판각할 때도 적극적으로 활용했을 것으로 보입니다.

판사   그렇군요. 그러면 분사 대장도감의 구성원은 어떻게 됩니까?

김딴지 변호사   전광재의 『남명천화상송증도가사실』과 원고의 『동국이상국집』을 보면 목사와 부사가 최고 책임자였고, 간사가 실무를 총괄했으며, 교정자가 교정을 보았고, 필사자가 경전을 베껴 썼으며, 마지막으로 각수가 글을 목판에 새겼다는 것을 알 수 있습니다.

판사   그러면 목사 혹은 부사, 간사, 교정자, 필사자, 각수가 분사 대장도감의 구성원이라 할 수 있겠군요.

김딴지 변호사   맞습니다. 그런데 그 구성원 중에는 승려도 있었습니다. 예를 들면 『남명천화상송증도가사실』에 거론되는 비구 천단, 거상인 등이 대표적이지요.

판사   그러면 분사 대장도감이 설치된 지역은 어디입니까?

김딴지 변호사   분사 대장도감은 전국 각지에 설치되었을 것입니다.

이대로 변호사   전국 각지에 설치되었다니요? 분사 대장도감은 강화도와 남해를 중심으로 한 특정 지역에만 설치되었습니다.

김딴지 변호사   아닙니다! 분사 대장도감은 대장경 판각에 쓸 나무의 벌목과 운반, 판자의 가공 등과 같은 실무적인 업무를 전담했습니다. 이러한 업무를 수행하려면 특정한 지역에만 설치되어서는 곤란했겠지요.

김딴지 변호사가 얇은 서류 뭉치를 들고 나오면서 말을 이었다.

김딴지 변호사　분사 대장도감이 일부 지역에만 설치되었을 것이라는 주장은 문헌 기록만 참고한 학자들의 주장입니다. 그러나 최근 우리나라의 목재 문화재를 오랫동안 조사하고 연구해 온 나무 박사의 주장에 따르면, 팔만대장경에 사용된 목재는 우리나라 어디에서도 쉽게 구할 수 있는 것이라고 합니다. 나무 박사의 이야기를 들어보면 더 확실히 알 수 있을 것 같습니다. 판사님, 나무 박사를 증인으로 신청합니다.

판사　네, 좋습니다. 나무 박사는 증인석으로 나와서 선서해 주십시오.

　증인 대기실의 문이 열리자 나무 박사가 한 손에 노트북을 들고 걸어 나왔다.

나무 박사　선서! 나 나무 박사는 진실만을 말할 것을 맹세합니다.

김딴지 변호사　증인은 지난 30여 년 동안 목재로 된 우리나라의 국보와 보물을 연구해 오셨지요?

나무 박사　그렇습니다. 아마도 우리나라에서 목재 연구로는 내가 최고 권위자가 아닐까 생각합니다. 하하.

김딴지 변호사　알겠습니다. 이제 본론으로 들어가지요. 증인은 최근 팔만대장경이 새겨진 목재를 연구하신 적이 있지요?

나무 박사 역사공화국의 문화재 기구로부터 의뢰가 들어와 수년간 분석, 조사했습니다.

김딴지 변호사 그럼 연구 결과를 자세하게 설명해 주실 수 있으십니까?

나무 박사 알겠습니다. 잠시만요.

　나무 박사는 노트북을 켜고 인터넷에 연결한 뒤, 법정의 실내 전등을 꺼 줄 것을 요청했다. 법정 안이 어두워지자 나무 박사는 빔 프로젝터를 켜고 설명하기 시작했다.

나무 박사 대장경판을 만들기에 좋은 나무의 조건은 다음과 같습니다. 먼저 목재의 조직이 고르게 분포해야 합니다. 그리고 둘째, 대장경판으로 가공할 수 있을 정도의 두께여야 합니다. 마지막으로 8만여 매의 대장경판이 필요하므로 쉽게 구할 수 있어야 합니다.

김딴지 변호사 그럼 이런 조건을 모두 갖춘 나무로는 어떤 것이 있나요?

나무 박사 내가 총 209매의 대장경판을 조사했는데, 산벚나무가 64퍼센트로 제일 많았고, 그다음이 14퍼센트인 돌배나무였습니다. 산벚나무는 우리나라 산에서 흔히 볼 수 있습니다. 이 나무는 잘 썩지 않고 조직이 치밀하며 세포가 고르게 분포해 있는 것이 특징입니다. 글자를 새기는 데 매우 좋은 목재이지요. 돌배나무 역시 산벚나무처럼 좋은 조직을 가지고 있습니다. 이 두 나무는 멀리서도 다른

나무와 쉽게 구별되며 채취가 수월합니다. 따라서 대장경판을 만드
는 데에는 산벚나무와 돌배나무만큼 좋은 것이 없지요.

나무 박사의 말이 끝나자 법정 안이 다시 밝아졌다.

김딴지 변호사　　그동안 많은 학자들은 해인사 대장경판이 자작나무
로 만들어졌다고 주장했습니다. 이는 해인사 대장경판이 산벚나무
와 돌배나무로 만들어졌다는 증인의 증언과는 다릅니다. 그 이유가

무엇입니까?

나무 박사 그 이유요? 간단히 말해서 사람들의 입에서 입으로 전해 오던 이야기를 확인해 보지 않았기 때문입니다. 내가 조사한 바에 따르면 해인사 대장경판에 쓰인 목재의 78퍼센트가 바로 산벚나무와 돌배나무였어요. 그 외에 초봄에 수액을 채취하는 거제수나무도 일부 사용되었지만 자작나무는 전혀 사용되지 않았습니다. 팔만대장경이 주로 남부 지방에서 판각되었으므로, 북부 지방에서 잘 자라는 자작나무를 구하기 힘들었기 때문이겠지요.

김딴지 변호사 그런데 궁금한 것이 있습니다. 대장경판의 재질을 어떻게 조사했나요? 국보를 훼손할 수는 없었을 텐데요.

나무 박사 하하. 당연히 국보를 마음대로 훼손할 수는 없지요. 그래서 나는 역사공화국 문화재 기구의 협조와 해인사의 배려로 일부 경판만을 조사했습니다. 아까 표에서 209매를 조사했다고 한 것이 바로 그래서입니다.

김딴지 변호사 그렇다면 일부 조사 내용만을 가지고 해인사 대장경판 전체의 재질이라고 주장한다는 게 억측은 아닐까요?

나무 박사 그럴 수도 있지요. 그래서 나도 마음 같아서는 8만여 매를 모두 분석해 보았으면 합니다. 하지만 결과가 크게 달라질 거라고는 생각하지 않아요.

김딴지 변호사 알겠습니다. 그러면 증인은 분사 대장도감이 여러 지역에 설치되었다는 저희 측 주장에 대해서는 어떻게 생각하십니까?

나무 박사   김딴지 변호사의 주장에 상당히 공감합니다. 16년간 8만여 매의 판재를 구하는 게 그리 쉬운 일은 아니거든요. 그러니 산벚나무나 돌배나무처럼 구하기 쉬운 나무를 재료로 선택한 것이 아니겠어요? 내 생각에는 판재를 구할 수 있는 곳이라면 어디든 분사 대장도감을 설치했을 것 같네요.

판사   감사합니다. 증인의 증언을 통해 분사 대장도감이 여러 지역에 나누어 설치되었을 것이라는 사실을 알 수 있었습니다. 그런데 한 가지 의문이 생깁니다. 대장도감과 분사 대장도감은 고려 시대 관청이었던 걸로 파악되는데, 여기서 대장경판을 직접 판각한 것입니까?

이대로 변호사   판사님, 그건 저희 측에서 답변하겠습니다. 대장도감과 분사 대장도감에서만 대장경판을 판각한 것이 맞습니다. 1237년부터 1242년까지는 대장도감에서만 대장경판을 판각하다가 1243년부터는 분사 대장도감에서도 대장경판이 판각되었지요.

판사   분사 대장도감은 대장경 판각에 쓸 나무의 벌목과 운반, 판자의 가공 등과 같은 실무적인 업무를 전담했다고 하지 않았습니까? 왜 1243년부터 분사 대장도감에서 직접 대장경판을 판각하게 된 것이지요?

이대로 변호사   그것은 분사 대장도감이 대장경판 조성에 필요한 물자와 노동력을 조달했기 때문이며, 1243년부터 분사 대장도감에서 판각을 하면서…….

김딴지 변호사   판사님, 이의 있습니다! 팔만대장경을 대장도감과 분사 대장도감에서만 판각했다는 피고 측의 주장은 틀립니다. 팔만대장경은 공방(工房)이나 사찰에서도 판각되었습니다.

판사 　팔만대장경 판각을 공방이나 사찰에서 했다는 주장은 좀 색다르군요. 원고 측 변호인이 보충 설명을 해 주시겠습니까?

김딴지 변호사 　판사님, 팔만대장경 판각에 참여했던 승려 각수 대승을 증인으로 불러 직접 들어 보는 것이 어떻겠습니까?

판사 　좋습니다. 나무 박사님은 돌아가셔도 좋습니다. 증인은 나와서 선서해 주세요.

대승 　선서! 나 대승은 진실만을 말할 것을 맹세합니다.

김딴지 변호사 　감사합니다. 증인은 혹시 이 종이에 적혀 있는 내용을 기억하십니까?

　　황제의 수명은 무강하고, 몽골 침략군은 영원히 종식하고, 시절은 조화롭고, 해는 풍년 들며, 국가는 태평하고, 백성은 안녕하기를 엎드려 기원합니다. 병신년 6월 각수 대승, 해인사에서 조판하다.

ㅡ『불설범역사천왕다라니경』

대승 　그럼요. 기억합니다.

김딴지 변호사 　이 기록을 보니 증인이 해인사에서 『불설범역사천왕다라니경』을 지었다는 것을 알 수 있군요. 해인사는 고려 전기부

저는 해인사에서 판각 사업에 직접 참여했지요.

터 각종 불교 경전을 수시로 판각했던 사찰이지요?

대승　그렇습니다. 해인사는 오래전부터 여러 불교 경전을 판각하고 있었어요. 하지만 방금 김 변호사가 보여 준 글은 내가 지은 것이 아닙니다. 나는 그저 그 경전을 판각했을 뿐이지요.

김딴지 변호사　아, 그렇군요. 그럼 증인은 이후 해인사에서 팔만대장경 판각 사업에도 각수로 참여했습니까?

대승　맞습니다. 나는 1238년에 판각된 『마하반야바라밀경』과

1239년에 판각된『마하반야초경』작업에 참여했습니다.

김딴지 변호사   증언 감사합니다. 증인의 증언을 통해 해인사의 승려가 팔만대장경 판각 사업에도 각수로 참여했다는 사실을 알 수 있습니다.

승려 각수 대승이 팔만대장경 판각에 참여한 사실과 해인사가 각종 물자 자원을 갖추고 있었다는 점을 고려한다면, 해인사 역시 판각 공간으로 활용되었을 가능성이 매우 높습니다. 최근 가야산 하거사, 경상남도 산청의 단속사, 전라남도 순천의 송광사 등지에서 활동하던 승려들이 팔만대장경의 각수로 참여했다는 것이 밝혀졌습니다. 이는 지방의 큰 사찰들 역시 판각 공간으로 활용되었음을 보여주는 사례라고 생각합니다. 따라서 팔만대장경 판각은 대장도감이나 분사 대장도감뿐만 아니라 사찰과 공방 같은 별도의 공간에서도 이루어졌을 것입니다.

이대로 변호사   판사님, 원고 측 변호인은 확실한 증거도 제시하지 않고 자신의 생각만을 말하고 있습니다. 팔만대장경은 공방이나 사찰이 아니라 대장도감과 분사 대장도감에서 판각된 것이 분명합니다.

판사   자자, 원고 측과 피고 측 변호인의 주장을 잘 알겠습니다.

판사는 양측 변호사에게 각자의 자리로 돌아갈 것을 요청했다.

판사   팔만대장경이 언제 만들어졌는지, 누가 주도해서 만들었는지, 어디서 만들어졌는지는 여러 증언과 변론을 통해 어느 정도 드

러났다고 할 수 있습니다. 그런데 아직 궁금한 것이 남아 있습니다. 나무판자에 경전의 내용을 새긴 각수는 어떤 사람들인가 하는 것입니다. 조금 전 살펴본 바로는 승려도 있었던 것 같군요. 그럼 여기에 대해 변론해 주시기 바랍니다.

이대로 변호사　각수는 조각도를 가지고 목판에 글자를 새기는 전문가를 말합니다. 하지만 각수의 신분은 노비와 같은 천민이었지요. 팔만대장경에 각수의 이름이 없는 이유가 바로 이 때문입니다. 신분상 미천한 그들의 이름을 팔만대장경에 새겨 둘 이유가 없다고 생각했던 것이지요. 그렇다고 대장경판에 각수의 이름이 아예 없는 것은 아닙니다. '기(己)', '일(一)', '만(卍)'과 같이 기호로 이름을 대신해 새긴 경우도 있고, 또 승려 각수의 경우에는 이름을 새기기도 했으니까요. 그런데 여기서 무엇보다도 중요한 것은, 이들 대부분이 피고가 동원한 각수라는 점입니다. 즉 최우가 주도하여 팔만대장경을 만들었다는 것이지요.

김딴지 변호사　이의 있습니다! 팔만대장경을 새긴 사람들의 신분이 낮기 때문에 그들의 이름을 알 수 없다는 피고 측의 주장은 사실과 다릅니다.

　이의를 제기한 김딴지 변호사가 자리에서 무언가를 들고 나오면서 말을 이었다.

김딴지 변호사　제가 들고 있는 것은 해인사에 보관되어 있는 대장

왜 고려는 팔만대장경을 만들었을까?

이 변괘선 안팎에 수많은 각수의 이름이 숨어 있습니다.

와~ 이런 비밀이 숨어 있었다니~

멋진데~

변괘선

경판의 모조품입니다. 이 경판들은 세로 24센티미터, 가로 70센티미터이며, 두께 2.6~4센티미터, 무게 3~4킬로그램입니다. 8만여 매의 경판이 똑같은 것은 아니고 평균적으로 이러한 규격으로 판각되었다고 보면 됩니다. 이 경판에 '변괘선'이 표시되어 있는데요. 그런데 바로 여기에 놀라운 비밀이 숨겨져 있습니다.

판사 그 비밀이라는 것이 무엇이지요?

김딴지 변호사 이 변괘선의 안팎에는 팔만대장경 제작에 참여한 많은 사람들의 이름이 새겨져 있습니다. 지금까지 우리는 변괘선 안쪽에 있는 이름에만 관심을 기울였습니다. 이는 팔만대장경을 인쇄할 때 변괘선 안쪽만을 찍어 냈기 때문이지요. 여러분, 여기를 보십

대장경판 각수의 이름 '경포(景布)'를 확인할 수 있습니다.

시오. 변괘선 밖에도 이렇게 많은 사람들의 이름이 새겨져 있습니다!

판사, 배심원, 방청객 모두 탄성을 지르면서 해인사 대장경판의 비밀에 대해 놀라워했다.

김딴지 변호사 　최근 해인사 대장경판에서 인명과 법명을 조사했는데 대략 2만 7000여 명으로 집계되었습니다. 가장 오랫동안 각수로 참여한 사람은 김승입니다. 그는 1237년부터 1248년까지 총 12년간 참여했지요. 그는 분사 대장도감 산하의 공방에서 대략 110여 장을 작업했고, 나머지는 대장도감 산하의 공방에서 작업했습니다. 매년 적게는 15장에서 많게는 150여 장을 작업했다고 합니다.

판사 　그렇군요. 그럼 팔만대장경에 참여한 사람들 중 신분이 높았던 사람은 없습니까?

김딴지 변호사 　있습니다. 1238년부터 1244년까지 7년간 대장도감에서 판각한 임대절이라는 사람이 있지요. 조사해 보니 '진사임대절간'이라고 되어 있는데, 임대절의 직책이 '진사'라는 뜻이고, '간(刊)'은 그가 간행했다는 뜻이지요. 다른 경판에는 '임대절도'라고 쓰여 있기도 합니다. 이것은 그가 직접 판각[刀]했다는 의미입니다. 이 밖에도 1238년부터 1240년까지 약 2년간 판각에 참여한 진사 영의라는 사람도 있지요.

판사   진사라면 과거에 급제한 사람을 말하는 것입니까?

김딴지 변호사   그렇습니다. 고려 시대에 진사는 과거 시험에 급제한 사람으로서 벼슬길에 막 접어들던, 요즘으로 말하자면 막 공무원이 된 엘리트를 말합니다.

판사   그럼 진사라는 직책 외에 다른 직책을 갖고 있었던 사람도 있었나요?

김딴지 변호사   그럼요. 예를 들면 대정 허백유, 호장 김련 등이 있습니다. 대정은 고려의 초급 장교이고, 호장은 지방 향리 중 매우 높은 사람이지요.

판사   그랬군요. 각수로 참여한 사람들이 참으로 다양했군요.

김딴지 변호사   그렇습니다. 그리고 팔만대장경을 살펴보면 자신의 출신지를 밝힌 각수도 있었어요. 충주에서 온 영수라는 사람은 '충주 영수각'이라 새겨 두었지요. 또 료원이라는 승려는 자신의 법명 앞에 '천태산인'이라고 새겨 두었고, '료원수'라고도 새겨 두었지요.

판사   잠시만요. 앞에서 진사 영의가 판각에 참여했다고 했는데, 대장경판을 판각했으면 판각했다고 하면 될 것이지 왜 참여했다고 하는 건가요?

김딴지 변호사   판사님, 정말 예리하시군요. 임대절이나 료원처럼 '도', '수(手)', '간' 등으로 표기한 것은 직접 판각한 사람을 가리킵니다. 그런데 이러한 표시 없이 달랑 이름만 있는 것은 그 구분이 애매합니다. 직접 대장경판을 새겼는지, 아니면 팔만대장경을 만드는 데

재물을 보시했는지 명확하게 구분되지 않지요. 그래서 참여라는 표현을 사용한 것입니다. 이해해 주세요.

판사 　그러면 두 가지를 구분해서 신문하세요. 저도 헷갈려요.

김딴지 변호사 　저희 측에서도 그렇게 하고 싶습니다. 당시 참여자 명단에 각수인지 참여자인지 명확히 구분만 해 놓았다면 말이지요. 하하. 판사님, 이제 시간이 다 되었으니 마지막으로 한마디만 더 말씀드리겠습니다. 결국 저희 측에서 말씀드리고 싶은 것은 팔만대장경은 각수뿐만 아니라 당시 전 계층이 참여하여 성심껏 판각했다는 겁니다. 이상입니다.

판사 　수고하셨습니다. 본 사건에 대한 여러 증인들의 증언과 증거 자료들을 참고해 보니 대략적인 윤곽이 그려지는군요. 이상으로 둘째 날 재판을 마치겠습니다.

땅, 땅, 땅!

다알지 기자

오늘은 이규보 대 최우의 재판 둘째 날이 었는데요. 원고 측에서는 증인으로 정안, 나무 박사, 대승을 불러 팔만대장경이 전국적인 조직을 통해 고려 백성의 자발적인 참여 속에서 만들어졌다고 주장했습니다. 이에 대해 피고 측에서는 피고가 직접 나와 팔만대장경이 특정 지역에서 자신의 주도로 만들어졌다고 주장했습니다. 특히 오늘 재판에는 피고 측 증인으로 몽골 장수 살리타가 나와 한때 소란이 벌어지기도 했는데요, 그럼 양측 변호사를 만나 볼까요?

이대로 변호사

　　나는 오늘 재판에 몽골 장수 살리타를 증인으로 내세우며 공격적인 변론을 펼쳤습니다. 하지만 원고 측에 약간 밀리는 감이 없지 않았지요. 오늘 원고 측에서는 대장도감과 분사 대장도감뿐만 아니라 공방이나 사찰 등지에서도 팔만대장경의 판각이 이루어졌다고 주장하더군요. 이는 우리 측에서 미처 예상치 못했던 주장이라 당황하긴 했습니다. 하지만 원고 측에서 제시한 증거만으로 입증될 수 있는 것이 아니라고 생각합니다. 또한 우리 측에서는 각수가 신분이 미천한 사람들이었다고 주장했는데, 원고 측에서는 진사, 대정, 호장의 직책을 가진 사람들이 있었다고 주장했습니다. 하지만 우리는 그 주장을 받아들일 생각이 전혀 없습니다. 진사, 대정, 호장은 각수가 될 수 없어요! 그리고 지난 재판에서도 말했지만, 팔만대장경은 피고의 주도로 만들어진 것입니다.

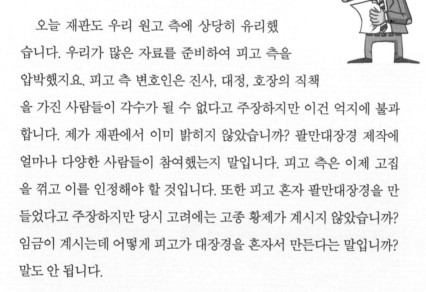

김딴지 변호사

오늘 재판도 우리 원고 측에 상당히 유리했
습니다. 우리가 많은 자료를 준비하여 피고 측을
압박했지요. 피고 측 변호인은 진사, 대정, 호장의 직책
을 가진 사람들이 각수가 될 수 없다고 주장하지만 이건 억지에 불과
합니다. 제가 재판에서 이미 밝히지 않았습니까? 팔만대장경 제작에
얼마나 다양한 사람들이 참여했는지 말입니다. 피고 측은 이제 고집
을 꺾고 이를 인정해야 할 것입니다. 또한 피고 혼자 팔만대장경을 만
들었다고 주장하지만 당시 고려에는 고종 황제가 계시지 않았습니까?
임금이 계시는데 어떻게 피고가 대장경을 혼자서 만든다는 말입니까?
말도 안 됩니다.

팔만대장경은 왜 세계적인 문화유산이 되었을까?

1. 아시아에는 어떤 대장경이 있었을까?
2. 팔만대장경은 왜 우수할까?
3. 팔만대장경은 어떻게 700여 년 동안 보존되었을까?

교과연계

한국사
Ⅱ. 고려와 조선의 성립과 발전
  2. 고려의 대외 관계와 문화 발달
    (6) 고려의 문화

1

아시아에는
어떤 대장경이 있었을까?

판사　마지막 재판을 시작하겠습니다. 오늘은 팔만대장경이 왜 세
계적인 문화유산이 되었는지 살펴보기로 하지요. 그럼 원고 측 변호
인부터 시작할까요?

김딴지 변호사　감사합니다. 대장경이 우리나라에만 있었던 것은
아닙니다. 중국이나 일본에도 대장경이 있었지요. 인도의 '패엽경'이
바로 대장경의 기원입니다.

판사　'패엽경'이 무엇입니까?

김딴지 변호사　판사님, 그것은 팔만대장경 판각에 직접 참여했던
천기 대사를 증인으로 불러 직접 들어 보시는 것이 어떻겠습니까?

판사　좋습니다. 증인은 나와서 선서해 주십시오.

천기 대사　선서! 나 천기는 진실만을 말할 것을 맹세합니다.

파피루스

판사   증인은 간단히 자기소개를 해 주세요.

천기 대사   나는 팔만대장경을 만들 당시 승려였습니다. 개태사 주지셨던 수기 대사를 도와 팔만대장경을 만드는 데 적극 참여했지요.

김딴지 변호사   증인, 패엽경이 무엇인지 설명해 주시겠습니까?

천기 대사   인도에서는 종이가 발명되기 전에 잎이 넓은 야자나무 잎을 일정한 규격으로 다듬어 글자를 새겼습니다. 이 나뭇잎에 기록한 불교 경전을 패엽경이라고 하는데 이것이 대장경의 시작이지요. 참고로 고대 이집트에서는 갈대와 같은 식물의 껍질을 이용하여 글을 새겼다고 합니다. 이 갈대 껍질을 '파피루스'라고 불렀는데 이것이 종이의 기원입니다. 하지만 파피루스나 패엽경은 오랫동안 보관할 수 없었어요. 그래서 송아지나 양과 같은 가축의 가죽, 즉 양피지에 기록했지요.

김딴지 변호사   인도에서는 언제부터 패엽경을 만들기 시작했나요?

천기 대사   석가모니는 도를 깨친 후 고행을 같이 했던 다섯 명의 수행자와 함께 45년 동안 중부 인도의 각 지역을 다니면서 설교를 했습니다. 그러나 당시에는 설교 내용을 기록해 두지는 않았고, 들

은 사람들이 입에서 입으로 전했지요. 그런데 사람의 기억
이라는 게 한계가 있는 법이고, 들은 사람마다 내용이 조
금씩 달라지게 마련이지요. 그래서 석가모니의 제자들은
그의 가르침을 정리해 두어야겠다고 생각하고 각자가 들
은 내용을 기록했습니다. 주요 불교 경전의 첫머리에 '여
시아문', 즉 '이와 같이 나는 들었다'라고 쓰인 이유가 바로 이 때문
입니다. 기원전 1세기에서 1세기 중반에 서북 인도를 통일한 쿠샨
왕조의 3대 **카니슈카 왕**이 불경을 문자로 기록했는데, 이를 '패엽경'
이라 합니다.

김딴지 변호사　　그럼 왜 대장경을 패엽경처럼 나뭇잎에 새기지 않
고 목판에 새기게 된 것입니까?

천기 대사　　패엽경은 사용하는 데 불편함이 있었습니다. 중국에서
는 불교가 전래된 후 불교 경전을 오랫동안 보존하고 또 널리 보급
하기 위해 나무나 돌에 새기는 방법을 선택하게 되었습니다. 돌에
새긴 대장경인 석경이 한때 유행했으나, 돌은 무겁고 다루기가 힘들
어 잘 이용하지 못했지요. 그 외에도 대나무나 나무껍질, 동물 가죽,
비단 등 여러 재료에다 불교 경전을 옮겨 적었으나, 이런 재료들은
오랫동안 보존하기 어렵고 가격도 비싸 많은 양을 구할 수 없었습니
다. 하지만 나무는 손쉽게 구할 수 있고 조각하고 인쇄하기에 편리
하기 때문에 목판으로 대장경을 만들게 되었습니다.

김딴지 변호사　　여러 가지 재료를 사용해 본 결과 나뭇잎, 돌, 동물
가죽보다 목판이 편리하다는 것을 알았군요.

이때 천기 대사가 김딴지 변호사에게 손짓을 하여 말을 끊었다.

천기 대사　　대장경을 만드는 목적 중 하나는 많은 사람들에게 석가모니의 가르침을 알리는 것입니다. 대장경을 널리 알리는 데에는 목판에 대장경을 새겨 인쇄하는 방법이 최선이었지요. 대장경을 필요로 하는 사람들이 한 부씩 베껴 써야 한다면 얼마나 힘들고 또 시간이 많이 걸리겠습니까?

김딴지 변호사　　그런데 궁금한 것이 있습니다. 불교의 발상지는 인도가 아닙니까? 그렇다면 분명 경전이 산스크리트 어로 쓰였을 텐데, 현재 우리가 보는 불교 경전은 한문으로 되어 있습니다. 불교 경

서역
중국의 서쪽에 있던 여러 나라를 일컫는 것으로 넓게는 중앙아시아와 서부 아시아, 인도 지역을 말하지만, 좁게는 지금의 신장웨이우얼 자치구의 타림 분지를 말합니다.

『서유기』
중국 명나라의 소설로 오승은의 작품으로 알려져 있습니다. 삼장 법사가 당나라 황제의 명으로 불전을 구하러 인도로 가는 길에 손오공, 저팔계, 사오정을 만나 기상천외한 일을 겪는다는 이야기입니다.

전이 한문으로 번역된 것은 언제부터입니까?

천기 대사   인도나 서역에서 온 승려들에 의해 불교 경전이 한문으로 번역되기 시작한 때는 대략 200년경입니다. 『서유기』의 삼장 법사로 잘 알려진 당나라의 현장이 살던 600년경에 이르러 불교 경전 번역이 꽃을 피웠고, 송나라 때 마무리되었습니다.

판사   아, 저도 궁금한 것이 하나 있습니다. 세계 최초의 목판 대장경은 무엇입니까?

천기 대사   대장경을 목판에 새겨 그 내용을 대량으로 인쇄한 것은 중국이 처음이었습니다. 640년경인 수나라와 당나라 초기에 목판 인쇄술이 시작된 것으로 알려져 있어요. 송나라 때인 983년에 세계 최초의 목판 대장경이 만들어졌습니다. '송판대장경', '촉판대장경' 또는 '개보칙판대장경'으로 부르기도 하는데, 송나라 태조가 971년에 장종신이라는 사람에게 명하여 촉나라 수도인 성도에서 판각을 시작하여 13년 후인 983년에 완성했다고 합니다.

김딴지 변호사   우리나라에는 송나라에 사신으로 갔던 한언공이 991년(성종 10)에 송나라 황제에게서 송판대장경을 받아 와 처음으로 소개되었다고 하던데, 맞습니까?

천기 대사   그렇습니다. 송나라는 송판대장경을 완성한 후에도 계속해서 대장경을 간행했는데, 그때마다 고려는 이를 입수하기 위해 노력했지요.

김딴지 변호사　당시 송나라 말고도 대장경을 만든 나라가 또 있다던데, 어디입니까?

천기 대사　거란에서도 대장경을 만들었습니다. 거란 성종 원년인 1021년에 송나라로부터 대장경을 하사받은 후 스스로 대장경을 만들기 시작했습니다. 1032년 판각을 시작하여 1053년쯤 1차로 완성했고, 그 후 새로 발견되거나 번역된 것을 계속 판각해 나갔습니다.

김딴지 변호사　거란 대장경과 송나라의 송판대장경은 내용상 동일한가요?

천기 대사　거란에선 자신들이 믿는 불교를 바탕으로 대장경을 판각했지요. 거란은 송나라의 불교와 계통이 다릅니다. 따라서 송판대장경과는 내용이 다를 것으로 추정됩니다.

김딴지 변호사　증인, 감사합니다. 판사님, 저희 측에서는 여기까지 신문하겠습니다. 이상입니다.

　판사가 이대로 변호사에게 증인 신문을 할지 묻자, 이대로 변호사가 망설이다가 증인석으로 다가가며 말했다.

이대로 변호사　거란이 대장경을 판각할 때 고려에서도 대장경을 판각했나요?

천기 대사　그럼요. 거란 군사가 고려에 쳐들어오자 1011년(현종 2)에 초조대장경을 판각하기 시작했지요…….

이대로 변호사　아, 잠깐! 그 얘기는 앞서 다루었으니 다른 측면에

서 접근해 보기로 하지요. 송, 고려, 거란은 왜 각각 목판 대장경을
만든 것입니까?

천기 대사   여러 가지 이유가 있습니다. 나는 승려이기 때문에 정
치, 외교에 대해서는 잘 모릅니다만, 당시 고려는 상황에 따라 송나
라와 우호적인 관계를 맺기도 하고 또 때로는 거란과 우호적인 관계
를 맺기도 했습니다. 이러한 상황에서 송나라와 거란은 고려와 좋은
관계를 유지하기 위해 앞다투어 노력했지요. 그리고 이 과정에서 각
나라는 자국에서 만든 목판 대장경을 고려에 선물로 보내기도 했답

니다. 고려와 송, 거란은 서로 경쟁하듯이 목판 대장경을 만들어 자기 나라의 문화가 우수하다는 것을 알리려고 했습니다. 문화적인 경쟁심이라고 해도 좋겠군요.

이대로 변호사 증인, 잘 알겠습니다. 나머지 내용은 잠시 후에 살펴보기로 하겠습니다. 그런데 일본은 대장경을 만들지 않았나요?

천기 대사 일본은 목판 대장경을 만들어 본 적이 없습니다. 1900년대 초에 활자로 대장경을 만들었다고 알고 있습니다. 내가 듣기로 이를 '대정신수대장경'이라고 부른다고 하더군요. 아마 팔만대장경을 기초로 해서 만들었을 겁니다.

이대로 변호사 증인, 감사합니다. 이상입니다.

판사는 천기 대사에게 돌아가라고 하지 않은 채 서류를 뒤적거리더니 불쑥 질문 하나를 건넸다.

판사 우리나라에서 가장 오래된 목판 인쇄물이 무엇입니까?

천기 대사 네? 뭐라고요?

판사 증인, 이번 재판을 진행하면서 너무 궁금했던 것이라 이렇게 물어보는 겁니다. 답변 부탁드립니다.

천기 대사 판사님께서 그렇게 궁금해하시니 아는 만큼 설명해 드리지요. 우리나라에서 최초로 목판에 새긴 불교 경전은 지난 1966년 경주 불국사의 석가탑을 해체 복원하는 과정에서 발견된 『무구정광대다라니경(無垢淨光大陀羅尼經)』이라고 합니다. 이 목판 인쇄물을 만든 시기는 정확히 알 수 없으나, 이 경이 봉안된 석가탑이 751년(신라 경덕왕 10)에 김대성에 의해 불국사가 만들어질 때 세워졌고, 그 탑에서 나온 주요 사리함 등이 신라 시대의 조형 양식과 특징을 지니고 있다는 점에서 학계에서는 이때 간행된 것으로 보고 있습니다. 한때 중국의 학자들이 『무구정광대다라니경』이 당나라에서 가져간 것이라고 주장한 적이 있지요.

판사   그래서 어떻게 되었나요?

천기 대사   조사 결과 이 경전을 만드는 데 사용한 종이가 신라의 전통 한지인 닥종이였고, 사용된 글자체가 당시 신라에서 유행하던 것으로 밝혀져 신라에서 판각한 것으로 판명되었습니다. 현존하는 인쇄물 중 세계에서 가장 오래된 목판 인쇄물로 평가받고 있지요. 듣자 하니 두루마리 형식으로 만들어진 이 경전이 국보 126호로 지정되어 있다더군요.

판사   정말 다행이군요. 그런데 요즘 언론에서는 세계에서 가장 오래된 금속 활자본으로 우리나라에서 만든 『직지심체요절』을 들던데, 알고 계십니까?

천기 대사   알다마다요. 정식 이름은 『백운화상초록불조직지심체요절(白雲和尙抄錄佛祖直指心體要節)』이며, 1377년(우왕 3)에 청주 흥덕사에서 금속 활자로 찍은 책입니다. 하권 마지막 장에 "우왕 3년 7월에 청주목의 흥덕사에서 금속 활자로 인쇄했다"라고 분명히 기록되어 있어요. 서양에서 금속 활자를 만들었다고 하는 **구텐베르크**

의 『42행 성서』보다 무려 70여 년이나 앞서 인쇄된 책입니
다. 상하 두 권으로 되어 있는데, 상권은 전하지 않고 하권
은 프랑스 국립 도서관에 소장되어 있습니다.

이때 배심원석에 앉아 있던 김정호가 재판에 끼어들
었다.

김정호 저도 궁금해서 질문 하나만 드려도 될까요? 『직지심체요
절』이 왜 프랑스 도서관에 보관되어 있는 것입니까?

구텐베르크
독일 출신으로 근대 활판 인쇄술
의 발명가입니다. 그는 1450년
경에 인쇄소를 세워 인쇄에 필요
한 기술과 재료 등을 확보한 후
성서를 42행으로 인쇄한 『42행
성서』를 제작했습니다.

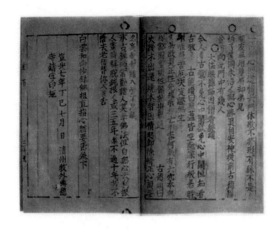

『직지심체요절』

판사　　아니, 「대동여지도」를 만든 김정호 선생님 아니십니까? 반갑습니다. 하지만 이렇게 재판에 끼어드시면 안 됩니다.

김정호　　죄송합니다. 너무 궁금해서요.

판사　　주의하세요. 하지만 그 질문은 저도 궁금하군요. 증인, 배심원의 질문에 답변해 주세요.

천기 대사　　알겠습니다. 1800년 말에서 1900년 초에 주한 프랑스 대리 공사로 근무하던 콜랭 드 플랑시가 『직지심체요절』을 수집해 두었다가 귀국할 때 가져간 것으로 알려져 있습니다. 1911년 그의 물품 경매 때 골동품 수집가인 앙리 베베르라는 사람에게 소유권이 넘어갔고, 그의 유언에 따라 1950년 프랑스 국립 도서관에 기증되었지요. 그 이후 아무도 『직지심체요절』의 존재를 몰랐는데, 우리나라의 역사학자가 1967년에 프랑스 도서관의 사서로 근무하면서 그 책을 발견하고 세상에 알린 것입니다.

　왜 고려는 팔만대장경을 만들었을까?

판사　그럼 『직지심체요절』을 우리나라로 다시 가져올 수는 없나요?

천기 대사　그건 제가 말씀드릴 수 있는 게 아닙니다. 아무튼 우리나라는 신라 시대부터 많은 불교 경전을 인쇄할 정도로 그 기술이 매우 발달했습니다. 그렇기 때문에 두 차례나 목판 대장경을 만들고, 세계에서 가장 먼저 금속 활자본도 제작할 수 있었지요. 우리 민족은 저력이 있습니다.

　모두들 아쉬운 표정을 지으면서 천기 대사에게 박수를 보냈다.

판사　저와 배심원이 증인에게 개인적인 질문을 한 셈이 되었습니다. 여기는 신성한 법정인데 분위기가 학교 교실처럼 되어 버렸네요. 하하하.

　법정에 있던 모든 사람들이 웃었다.

판사　증인, 많은 시간 내 주어 감사합니다.

2
팔만대장경은
왜 우수할까?

이대로 변호사　　판사님, 이번에는 저희 측에서 대장경 연구의 권위자인 일본의 다나카 박사를 증인으로 신청하고자 합니다.

판사　좋습니다. 증인은 나와서 선서해 주십시오.

다나카　선서! 나 다나카는 진실만을 말할 것을 맹세합니다.

이대로 변호사　　멀리 일본에서 오시느라 고생하셨습니다. 먼저 한 가지 묻겠습니다. 증인은 당연히 팔만대장경을 피고 최우가 만들었다고 생각하시지요?

다나카　흠흠. 팔만대장경을 누가 만들었는가는 그리 중요한 것이 아닙니다. 팔만대장경이 어떤 내용을 담고 있었느냐가 더 중요하지요. 팔만대장경은 몽골과의 전쟁 중에 판각한 것입니다. 기존에 있던 불교 경전과 초조대장경 등을 토대로 하여 이전의 것 그대로 다시 만들었지요. 이러한 것을 '복각본(復刻本)'이라고 합니다. 따라서 11세기 거란군의 침입 때 만들어진 초조대장경을 13세기 몽골 군의 침입 때 복각한 팔만대장경은 가치가 전혀 없습니다.

이대로 변호사　뭐, 뭐라고요?

복각본
원형을 모방하여 다시 판각한 판으로 박아 낸 인쇄물을 말합니다.

　이대로 변호사는 자신이 부른 증인이 팔만대장경의 가치를 깎아내리자 당황했다.

이대로 변호사　아니, 그게 무슨 말씀입니까? 팔만대장경과 이전의 불교 경전이 목판의 크기, 형식, 그리고 내용까지 모두 동일하다는 말입니까?

다나카　그런 뜻은 아닙니다. 초조대장경의 목판이 남아 있지 않아 잘 모르겠지만, 우리 일본에 남아 있는 인쇄본과 대조해 보면 새겨진 글자 수가 달라요. 초조대장경은 24줄로 구성되어 각 줄에 17자가 새겨진 반면, 팔만대장경은 23줄로 구성되어 각 줄에 14자가 새겨져 있지요.

이대로 변호사　그러면 무엇이 동일하다는 말입니까?

다나카　나는 팔만대장경과 초조대장경, 그리고 속장경을 만든 각수가 누구인지 일일이 조사해 보았습니다. 그런데 동일 인물이 많았어요. 예를 들어 팔만대장경을 만든 각수 중에 의천이 있었는데, 아마도 이 의천은 속장경을 만든 대각국사 의천일 겁니다. 그러니 이게 복각했다는 결정적인 증거가 아니겠습니까? 그리고 생각해 보세요. 전쟁 중에 방대한 규모의 목판 대장경을 만든다는 것은 무척 힘든 일입니다. 그런데 내용까지 바꿀 수 있었겠어요?

이때 김딴지 변호사가 법정 중앙으로 걸어 나오면서 반론을 제기했다.

김딴지 변호사 증인, 이름이 똑같은 경우는 얼마든지 있을 수 있습니다. 특히 의천이라는 법명은 승려라면 누구나 사용할 수 있었습니다. 일부 각수가 중복되었다고 해서 팔만대장경이 초조대장경을 복각했을 것이라는 주장은 말이 되지 않습니다. 전쟁 중이라 해서 팔만대장경을 대충대충 만들었겠습니까? 증인, 팔만대장경에 새겨진 인명과 법명을 조사해 본 적이 있습니까?

다나카 네, 조사했습니다. 일본의 증상사라는 절에 보관되어 있는 인쇄본을 조사해 책으로 발간하기도 했습니다.

김딴지 변호사 그때 몇 사람이 조사되었지요? 우리 측에서 증인이 발간한 책을 검토한 결과 대부분 새긴 사람의 이름을 알 수 없다고 기록되어 있던데요.

다나카 그야, 그렇지만……

다나카 박사는 난감한 표정을 지으며 말끝을 흐렸다.

김딴지 변호사　다나카 증인의 노력은 인정합니다만, 일부 내용만을 가지고 팔만대장경이 초조대장경을 복각한 것이라는 주장은 받아들일 수 없습니다.

다나카　그렇다면 팔만대장경이 초조대장경과 다르다는 점을 증명할 수 있습니까?

김딴지 변호사　이럴 줄 알고 우리 측에서 증인을 모셔 왔습니다. 판사님, 팔만대장경 교정의 총책임자였던 수기 대사를 증인으로 신청합니다.

판사　네, 좋습니다. 다나카 증인은 돌아가셔도 됩니다. 수기 대사는 증인석으로 나와서 선서해 주십시오.

수기 대사　선서! 나는 진실만을 말할 것을 맹세합니다.

김딴지 변호사　증인, 자기소개 부탁드립니다.

수기 대사　나는 팔만대장경을 판각할 당시 오늘날 충청남도 연기군에 있는 개태사의 주지였으며, 승통 직위에 있었습니다.

김딴지 변호사　그럼 본론으로 들어가겠습니다. 증인, 팔만대장경을 만든 과정에 대해 간단히 소개해 주시겠습니까?

수기 대사　그럽시다. 우선 글씨를 잘 쓰는 사람이 정성을 다해 불경을 종이에 씁니다. 그러고는 그 종이를 나무판에 뒤집어 붙이지요. 글자가 잘 보이게 하기 위해 들기름을 바르기도 합니다. 그리고 각수가 정성껏 판을 새긴 후, 먹을 바르고 준비된 종이를 붙여 문질러서 찍어 냅니다.

김딴지 변호사　목판본을 제작할 때 각각의 업무는 여러 사람이 나

교감
같은 종류의 여러 책을 비교하
여 차이가 나는 것들을 바로잡
는 것입니다.

누어 담당했나요?

수기 대사　모든 업무는 필사자, 각수, 교정자 및 기타 참여자들이 나누어 맡았습니다. 필사자는 판각용 종이에 글씨를 쓰는 사람을 말합니다. 필사자가 쓴 종이를 가공한 나무에 바르고 그대로 새겨 내는 작업은 각수가 합니다. 판각은 숙련된 기술을 필요로 하기 때문에 주로 전문 각수들이 담당했습니다. 물론 경우에 따라서 초보 각수와 글자를 나누어 새기기도 했습니다. 각수들의 판각 작업이 완료되면 시험 인쇄를 하고 교정 작업을 거치게 되는데, 불교 지식이 풍부한 승려와 학자들이 전문적인 교정과 교감을 담당했습니다.

김딴지 변호사　팔만대장경을 판각하는 과정이 매우 복잡했군요. 그런데 팔만대장경이 세계 최고의 불교 경전으로 평가받고 있다던데, 그 이유는 무엇입니까?

수기 대사　팔만대장경은 오자와 탈자가 거의 없는 유일한 경판이며 그 내용도 가장 정확합니다. 이는 나를 비롯한 승려와 학자 30여 명이 여러 대장경을 일일이 대조하여 가장 우수한 표준 대장경을 만들고자 노력했기 때문이지요.

김딴지 변호사　증인, 팔만대장경의 교정 과정을 조금 더 자세히 설명해 주시기 바랍니다.

수기 대사　네. 나와 30여 명의 교정자들이 관본, 국전본, 국후본, 송본, 구송본, 거란본 등 일곱 가지 대장경을 놓고 철두철미하게 대조하면서 오자와 탈자, 다르게 번역된 부분 등을 교정했습니다. 그

인쇄할 내용이
적힌 종이를
경판에 붙이고,
글씨가 잘
보이도록
들기름을
바릅니다.

각수가
글자를
팝니다.

시험 인쇄를
한 후
모든 내용이
맞는지
확인합니다.

리고 경전의 명칭, 번역자명, 권수 등 틀린 것을 바로잡았지요.

김딴지 변호사　매우 힘든 작업을 하셨는데요, 증인이 말씀하신 대로 교정한 내용을 별도로 기록해 두었습니까?

수기 대사　그럼요. 나를 비롯한 승려와 학자들이 교정한 내용을 『고려국신조대장교정별록』이라는 책에 정리해 두었습니다.

김딴지 변호사　그 책이 지금도 있습니까?

수기 대사　팔만대장경과 함께 해인사에 보관되어 있습니다.

김딴지 변호사　존경하는 판사님, 그리고 배심원 여러분, 이처럼 팔만대장경은 초조대장경을 다시 만든 것이 아니라, 고려의 문화 역량과 불교 지식이 총동원되어 만들어진 세계 최고의 대장경입니다. 이상입니다.

　판사가 이대로 변호사에게 신문하겠느냐고 묻자, 이대로 변호사는 한동안 머뭇거리다가 말했다.

이대로 변호사　증인이 교정한 내용을 『고려국신조대장교정별록』이라는 책에 기록해 두었다고 하니 인정하겠습니다. 그래서 다른 측면에서 신문하겠습니다. 초조대장경은 현종이 돌아가신 부모님을 위해 개인적인 차원에서 판각한 것이라는 주장도 있습니다. 증인, 여기에 대해서는 어떻게 생각합니까?

수기 대사　글쎄요. 일본 학자들이 그런 얘기를 하긴 하던데…….

이대로 변호사　증인, '네, 아니오'로 답변해 주세요. 들은 적이 있습니까?

수기 대사   네, 있습니다.

이대로 변호사   현종이 돌아가신 부모님을 위해 초조대장경을 만들 때 송나라에서 판각한 대장경, 즉 송판대장경을 그대로 판각하라고 하지 않았을까요? 그렇지 않습니까?

수기 대사   초조대장경과 송판대장경의 인쇄본을 대조해 보면 두 대장경이 다르다는 것을 알 수 있지 않습니까? 살다 보니 해괴망측한 이야기를 다 듣는군요.

이대로 변호사   제가 조사한 자료에 따르면 초조대장경은 현종이 돌아가신 부모님의 극락왕생을 기원하면서 만든 것이라고 합니다. 따라서 초조대장경은 국가적인 차원이 아니라 개인적인 차원에서 판각된 것이라고 봅니다.

김딴지 변호사   판사님, 이의 있습니다. 지금 피고 측 변호인은 초조대장경의 판각 동기를 낮추어 평가하고 있습니다.

이대로 변호사   아닙니다. 학계에도 이러한 주장을 하는 학자들이 꽤 있습니다.

　　김딴지 변호사가 다시 반론하려는 순간 수기 대사가 크게 웃으면서 말했다.

수기 대사   하하하. 물론 그렇게 볼 수도 있습니다. 사실 대장경에 관련된 연구는 우리 학자들보다 일본 학자들이 먼저 시작했으니까요. 그래서 대장경과 관련된 내용 중에는 일본 학자들의 주장이 많이 포함되어 있습니다. 그중에는 우리 대장경의 가치를 제대로 평가한 것도 있지만 잘못 이해한 부분도 상당히 많습니다. 최근에 여러 학자들이 열심히 연구해서 잘못된 부분을 바로잡고 있지만 여전히 부족한 실정입니다.

이대로 변호사 일본 학자들의 주장이라고 무조건 배척해서는 안 되는 것 아닙니까?

수기 대사 맞습니다. 하지만 초조대장경의 판각 동기가 거란 군의 침입과 밀접한 관련이 있다는 사실을 잊어서는 안 됩니다. 내 대답은 여기까지입니다.

수기 대사의 증언을 들은 이대로 변호사가 묵묵히 생각에 잠겼다. 판사가 추가 신문이 있는지 묻자 고개를 가로저었다.

팔만대장경은 어떻게
700여 년 동안 보존되었을까?

판사   해인사 대장경판은 판각된 지 무려 700여 년이 지났습니다. 그런데 어떻게 이렇게 잘 보관될 수 있었지요?

김딴지 변호사가 다시 대장경판 모조품을 들고 나오면서 말했다.

김딴지 변호사   해인사 대장경판이 나무로 만들어졌다는 사실은 이미 잘 알고 계실 것입니다. 나무는 습기와 화재에 가장 취약합니다. 습기를 어떻게 제거하느냐가 바로 보존의 핵심이라 할 수 있지요. 나무 경판이 서로 겹쳐졌을 때 바람이 통하지 않으면 부식됩니다. 그리고 먼지가 많이 쌓이면 좀벌레가 기생하게 되지요. 다시 말하자면, 해인사 대장경판이 700여 년 동안 보존될 수 있었던 것은 바

로 습기를 막고 통풍이 잘 되도록 했기 때문입니다.

판사　　그러기 위해 특별히 고안된 장치가 있었나요?

김딴지 변호사　　제가 들고 있는 이 대장경판 모조품을 잘 보십시오. 양쪽에 있는 마구리는 인쇄를 하거나 이동할 때 손잡이가 되기도 하지만 통풍이 원활하도록 돕는 기능도 한답니다. 해인사 대장경판은 목판들을 겹쳐서 보관하는데, 마구리가 겹쳐지는 부분과 본문이 새겨진 부분을 자세히 보면 틈이 있습니다. 바로 이 틈새로 바람이 지나가게 되고, 이때 습기와 먼지가 빠져 나가게 됩니다.

이대로 변호사　　그뿐만이 아닙니다. 팔만대장경을 보관하고 있는 해인사 수다라장과 법보전에도 비밀이 있습니다. 수다라장과 법보전의 창문을 자세히 보면 앞쪽에 창문이 두 개가 있는데 아래 창이 위 창보다 크다는 것을 알 수 있습니다. 반대로 뒤쪽의 창문은 위 창이 아래 창보다 크지요. 겨울에는 바람이 산에서 불어오는데, 위 창문으로 들어온 바람이 앞의 작은 창문으로 빠져나오게 됩니다. 이때 바람의 압력이 상승하면서 경판 사이에 끼어 있는 먼지와 습기를 제거해 줍니다. 여름에는 바람이 반대로 불어오는데, 앞의 창문 중 위로 들어와 뒤쪽 아래 창문으로 빠져나갑니다.

김딴지 변호사   이대로 변호사님, 이제야 우리가 통하는군요. 이는 차가운 공기가 아래 창으로 들어와서 안에서 돌다가 데워지면 맞은 편 큰 창으로 나가게 되는 대류의 원리를 이용한 것입니다.

판사   건물의 위치는 어떻게 됩니까?

이대로 변호사   수다라장과 법보전은 서남향으로 건물이 배치되어 있습니다. 서남향은 햇빛이 가장 많이 들어오는 방향입니다. 그 결과 건물 안으로 습기가 없는 바람이 계속 들어오게 되지요.

김딴지 변호사   두 건물을 자세히 보면 창살이 많습니다. 이 창살 사이로 햇빛이 자연스럽게 들어오고 바람도 잘 통하게 됩니다. 이런 비밀 덕분에 대장경판을 700여 년 동안 아무 탈 없이 보존할 수 있었던 것입니다.

판사   우리 선조들이 대장경판을 보존하기 위해 수다라장과 법보전을 지을 때부터 위치, 온도, 자연 현상 등 모든 것을 계산했다는 것이군요. 정말 대단합니다. 이 두 건물은 언제 지은 것입니까?

이대로 변호사   고려 때 혹은 조선 세조 때에 지어졌다고 하지만 정확한 기록이 없어 아쉬울 뿐입니다. 참고로 『조선왕조실록』에 따르면 해인사가 지금과 같은 규모로 다시 건축된 것은 성종 때라고 합니다.

판사   대장경판이 나무로 만들어졌기 때문에 화재에 가장 취약할 텐데요.

이대로 변호사   그동안 해인사에 일곱 차례 화재가 발생했는데, 대장경판이 보관된 수다라장과 법보전에 불이 옮겨 붙은 적은 없다고 합니다. 하지만 앞으로 더욱 조심해야겠지요.

해인사 장경판전 입구와 내부

김딴지 변호사 ▶팔만대장경이 보관된 경상남도 합천 해인사의 수
다라장과 법보전 등 장경판전은 지난 1995년 세계 문화유산으로 등
재된 바 있습니다. 이는 두 건물이 세계에서 가장 오래된 보관 시설
로서 과학적으로 설계된 건물로 인정받았기 때문입니다. 그리고 팔
만대장경은 현존하는 가장 오래된 대장경판으로 2007년에 유네스
코 세계 기록 유산에 등재되었습니다. 팔만대장경은 전 세계가 인정
한 우리 민족의 자랑스러운 문화유산이지요. 이상입니다.

판사 수고하셨습니다. 잠시 휴정한 후 원고와 피고의 최후 진술
을 듣도록 하겠습니다.

교과서에는

▶ 해인사 장경판전은 1995년
에 석굴암, 불국사, 종묘와 함
께 세계 문화유산으로 지정되
었답니다.

세계 기록 유산
(Memory of the World)

유네스코에서는 세계의 귀중한 기록물을 보존하고 활용하기 위해 1997년부터 2년마다 세계적으로 가치가 있다고 판단되는 기록 유산을 선정해 왔습니다. 기록 유산의 종류로는 책과 문서, 편지 등이 포함되어 있지요.

현재 한국의 기록 유산으로 등재된 것으로『훈민정음』(1997),『조선왕조실록』(1997),『직지심체요절』(2001),『승정원일기』(2001),『조선왕조의궤』(2007),『해인사 대장경판 및 제경판』(2007),『동의보감』(2009),『일성록』(2011),『5·18 민주화운동 기록물』(2011),『난중일기』(2013),『새마을운동기록물』(2013)이 있습니다.

세계 기록 유산에 등재된 해인사 대장경판은 우리나라에서 13세기에 일구어 낸 위대한 문화적 업적으로 받아들여지고 있습니다. 8만 1258장의 목판에 새겨진 대장경판으로, 아시아 전역에서 완벽한 형태로 현존하는 유일한 판본 자료이기 때문이지요.

다알지 기자

안녕하세요. 오늘도 어김없이 저는 한국사 법정 앞에 나와 있습니다. 이규보와 최우의 재판이 열리는 이곳은 재판을 보러 온 사람들로 가득 차 발 디딜 틈조차 없는데요. 오늘도 양측의 주장이 첨예하게 대립했습니다. 원고 측에서는 팔만대장경은 내용에 있어서 13세기 당시 동아시아의 여러 대장경을 종합적으로 검토하여 반영하였으며, 오탈자가 거의 없어 정확하다고 합니다. 그리고 우리나라에서도 만들어진 불교 경전도 일부 포함되어 민족의 혼과 열정이 담겨 있는 문화유산이라고 주장했습니다. 이에 대해 피고 측에서는 팔만대장경은 이전에 있던 대장경을 그대로 모방하여 만든 것에 불과하다고 주장했습니다. 그럼 양측의 주장을 들어 볼까요?

이규보

오늘 재판은 대만족입니다. 이번 재판을 보아서 아시겠지만, 그동안 팔만대장경에 대한 오해 아닌 오해가 있었습니다. 하루아침에 수정될 수는 없겠지요. 하지만 이번 재판을 통해 팔만대장경에 대해 잘못 알고 있던 사실들이 밝혀져 정말 다행이라고 생각합니다. 앞으로 역사학자들이 더 연구하여 이를 바로잡아 나가야겠지요. 팔만대장경은 아시아에 있던 각종 대장경을 철저히 대조하여 만든 위대한 문화유산입니다. 이때 축적된 출판 문화가 기반이 되어 이후 우리나라에서 세계 최초의 금속 활자를 만들어 낼 수 있었던 것이 아니겠습니까? 그리고 나는 이번 재판이 진행되는 동안 사설탐정인 최고집에게 '1236-16' 문서의 행방을 은밀히 알아봐 줄 것을 의뢰했습니다. 그의 조사에 따르면 누군가에 의해 고의적으로 문서가 훼손되었다는군요. 최우 측이 없앤 것이 분명합니다. 기자님, 나는 이에 대한 대책을 마련해야겠습니다. 그럼 이만.

왜 고려는 팔만대장경을 만들었을까?

다나카

오늘 한국사법정에 서게 되어 진심으로 기쁩니다. 흠흠. 재판에서도 밝혔지만, 팔만대장경은 누가 만들었는지보다 그 내용이 어떠한지가 더욱 중요합니다. 팔만대장경은 고려 현종 때 만들어진 초조대장경을 그대로 복각해 만든 것에 불과합니다. 가치가 별로 없다고 할 수 있지요. 제가 이렇게 주장한다고 해서 나무라지 마세요. 지난 1900년대 초 본격적으로 팔만대장경을 연구한 사람들은 일본인 학자들이랍니다. 그때는 여러 가지로 부족해서 팔만대장경이 갖고 있는 역사적 사실을 올바르게 이해하지 못했습니다. 더 이상 할 말이 없군요. 그럼 이만 가 보겠습니다.

고려 백성의 자존심을 회복하라
vs
몽골을 빨리 몰아내고자 했다

판사   재판이 마무리될 시점이군요. 마지막으로 양측의 최후 진술을 듣겠습니다. 재판에 영향을 미치게 될 발언이니 원고와 피고는 주의해서 마지막 발언을 해 주시기 바랍니다. 원고가 먼저 시작해 주세요.

이규보   이번 재판을 통해 나는 8만여 장에 이르는 대장경을 만들면서 그 과정을 상세하게 기록하지 못한 책임을 크게 느끼게 되었습니다. 그나마 내가 남겨 둔 「대장각판 군신기고문」을 통해 팔만대장경을 만든 당시를 이해할 수 있어 다행이라고 생각합니다. 앞으로 어떤 일이든지 꼼꼼하게 기록해야 한다는 생각을 하면서 최후 진술을 하고자 합니다.

　　나는 이번 재판 과정에서 잘못 알려지고 사라졌던 역사를 되새겨

보았다는 점에서 절반의 성공을 거두었다고 생각합니다. 피고는 팔만대장경을 정권의 안정을 위해 자신이 완성했다고 주장합니다. 그러나 여러 증인들이 증언한 바와 같이 팔만대장경은 어느 특정 집단이나 사람에 의해 만들어질 수 없는 국가적인 사업이었습니다. 몽골 군이 침입해 국가가 위기에 처하자, 고려 백성들이 오랑캐로부터 민족을 지키고 자존심을 세우기 위해 팔만대장경 판각에 적극 참여했던 것입니다. 따라서 지금 경상남도 합천 해인사에 보관된 대장경 판은 고려 백성의 자존심을 드러내는 것이지요. 하지만 피고와 그를 따르는 추종 세력들은 고려 사람들의 바람을 왜곡하고, 자신들의 독재 정권을 미화하기 위해 역사적 사실을 감추고 있습니다. 이는 고려 백성의 자존심을 무시하는 일입니다. 이러한 사실도 모르고 국내와 일본의 팔만대장경 연구자들이 최씨 정권의 주장을 따르고 있습니다. 그동안 제가 용기가 없어 이를 바로잡지 못한 것이 부끄러울 따름입니다.

존경하는 판사님, 그리고 배심원 여러분, 지금이라도 최씨 정권이 왜곡하고 감춘 팔만대장경에 대한 역사를 바로잡을 수 있도록 최우와 그의 추종 세력들에게 반성할 기회를 주시기 바랍니다.

최우 한때 내 최측근이었던 원고가 나를 법정에 세울 줄은 꿈에도 몰랐습니다. 사실 나는 팔만대장경을 만들 때 재산의 상당 부분을 바쳤습니다. 그때 처남을 비롯하여 많은 추종 세력들이 나의 뜻을 따랐지요. 따라서 팔만대장경은 최씨 정권이 돈을 내어 만들었다고 해도 무리가 아닙니다. 이러한 내용은『고려사』등 각종 역사 기

록에 나와 있습니다. 물론 팔만대장경을 만들 때 고려 사람들이 적극적으로 참여한 사실을 부정하지는 않겠습니다. 잘 아시다시피 팔만대장경 사업 자체가 개인 차원에서 단독으로 할 수 없는 거대한 사업이기 때문입니다. 나는 역사를 왜곡하거나 감추지 않았습니다. 다만 후세 사람들이 각종 역사 기록에만 의지한 채 팔만대장경의 판각에 대해 검증하지 않았기 때문에 이번 소송이 벌어진 것이라고 생각합니다. 만약 팔만대장경의 판각에 대한 다양한 역사 연구와 사료의 재해석이 있었다면 이 소송은 없었을 것입니다.

잔악한 몽골 군이 쳐들어왔을 때 고려 사람들은 모두 우리 민족과 국토를 지키고자 최선을 다했습니다. 나는 죽기를 각오하고 몽골 군과 싸우기 위해 강화도로 수도를 옮기고 항전했습니다. 몽골 군의 최대 약점인 해전을 대비한 최선의 선택이었습니다. 나라와 민족을 지키려고 했던 나의 마음을 판사님과 배심원 여러분이 꼭 인정해 주시기 바랍니다.

흔히들 최씨 정권을 독재 정권이라고 하지만 내가 없었다면 우리 고려는 몽골 군에 의해 역사에서 사라졌을 것입니다. 고려가 계속 유지될 수 있었던 것은 바로 최씨 정권이 모든 실권을 장악했기 때문입니다. 팔만대장경 판각도 내가 정권을 장악하고 있었기 때문에 완성될 수 있었습니다. 이 점을 꼭 기억해 주시기 바랍니다.

판사 원고와 피고의 최후 진술을 잘 들었습니다. 양측 간에 긴장감이 도는군요. 그동안 배심원 여러분을 비롯하여 모든 분들 수고 많으셨습니다. 이후 배심원의 의견이 저에게 전달될 예정이며, 이를 참고하여 재판부에서 판결문을 공개하겠습니다. 그때까지 방청객 여러분도 이 사건에 대해 바른 판결을 내려 보시기 바랍니다.

땅, 땅, 땅!

역사공화국 한국사법정 재판 번호 18 이규보 vs 최우

주문

역사공화국 한국사법정은 원고 이규보가 피고 최우를 상대로 제기한 소송에 대해 일부 승소 판결한다. 다만 '1236-16' 문서에 대한 부분은 피고 측에 의해 훼손되었음을 인정할 수 없으므로 기각한다.

판결 이유

원고의 주장과 증인들의 증언, 그리고 최근 조사된 과학적인 근거를 종합적으로 고려해 볼 때 피고와 그의 추종 세력들이 팔만대장경 관련 사실을 왜곡했다는 원고의 주장이 인정된다. 첫째, 피고는 팔만대장경을 만드는 데 자신이 많은 돈을 냈으므로 판각 사업은 자신이 주도한 것이라고 주장했다. 그러나 당시 피고 외에도 팔만대장경 판각 사업을 위해 돈을 낸 사람들이 많았으므로 이 논리는 성립되기 힘들다. 둘째, 팔만대장경을 만들 때 대장도감과 분사 대장도감이라는 국가 기구를 통해 국가적인 차원에서 이 사업이 전개되었음이 확인되었다. 따라서 최우 개인적인 차원에서 이루어진 사업이라고 보기 힘들다. 셋째, 팔만대장경과 13세기 중엽에 만들어진 각종 불교 경전의 글을 종합해 보면 팔만대장경은 강화도, 진주, 남해를 비롯하여 해인사, 수선사, 하거

사 등에서도 판각되었음이 입증되었다. 따라서 팔만대장경은 최씨 정권의 기반이 있는 강화도와 남해에서만 판각된 것이 아니다. 넷째, 팔만대장경 판각에 참여한 사람들의 이름이 새겨져 있는 사실로 볼 때 수많은 고려 백성들이 적극 참여했음을 알 수 있다. 이러한 네 가지 사항을 볼 때 피고가 팔만대장경 판각에 대한 역사를 일부 왜곡했다고 판단된다. 따라서 피고는 이 점을 반성하고 관련인들에게 깊이 사죄해야 한다. 또한 피고와 그의 추종 세력들은 왜곡되거나 감추어진 역사를 다시 복원할 의무가 있음을 밝힌다.

피고가 팔만대장경을 만들 때 작성한 '1236-16' 문서를 훼손했다는 원고의 주장은 기각한다. 원고는 피고가 고의성을 가지고 이 서류를 훼손했다고 주장하지만 이에 관련된 어떤 증거나 주장도 펼친 바 없다. 국가 기록물 관리 체계상 특정 개인이 고의성을 가지고 이 서류를 훼손했거나 파기했다고 보기 어려우며, 따라서 아마도 오랜 세월을 지나오면서 부주의로 훼손되었을 가능성이 매우 높다고 본다.

본 법정은 팔만대장경 판각을 둘러싼 이규보와 최우의 갈등에 대한 해법으로 서로 입장을 바꿔 생각해 보기를 권고한다. 그리하여 원고와 피고가 화해하고 역사를 빛내는 방향을 찾을 수 있기를 바란다.

역사공화국 한국사법정 담당 판사 공정한

"팔만대장경에는 풀리지 않은
비밀이 많네요"

재판이 끝난 후, 피로가 쌓였던 김딴지 변호사는 일요일 아침 10시가 넘도록 늦잠을 자고 일어났다. 그런데 갑자기 '몽골 군의 침입 때 만들어진 대장경판은 언제, 어떻게 해인사로 옮겨졌을까?' 궁금증이 생겼다. 그래서 현관문을 박차고 나와 덜덜거리는 승용차에 시동을 걸었다.

"대장경판이 보관된 해인사에 가면 단서가 있을 거야!"

김딴지 변호사는 서너 시간을 달려 해인사에 도착했다. 막 주차하려는데 누군가 창문을 두드렸다.

"아니, 이게 누구십니까? 유명한 박사님 아니세요? 그동안 잘 지내셨지요?"

"김 변호사님, 얼마 전에 팔만대장경 소송을 맡았다는 소식은 들었습니다. 결과는 어땠나요?"

"뭐, 원하는 대로 되지는 않았지만 상당한 성과를 거두었습니다."

김딴지 변호사는 반가운 마음에 차에서 내려 유명한 박사와 함께 길을 걸었다.

"재판도 끝났는데 어쩐 일로 해인사에 오셨나요?"

"대장경판이 언제, 어떻게 해인사로 옮겨졌는지 궁금해졌어요. 그래서 이렇게 직접 찾아왔습니다. 도와주실 거죠?"

"암, 도와드려야지요. 해인사의 법보전과 수다라장에 보관된 대장경판은 1398년(조선 태조 7)에 강화도에서 해인사로 옮겨졌습니다. 왜구의 침입이 미치지 않는 안전한 곳에 보관하기 위해서였지요."

"정확하게 언제쯤 팔만대장경이 해인사에 옮겨진 것입니까?"

"1398년 5월에 '강화도 선원사에서 운반해 온 대장경판을 용산 강에 행차하여 보았다'라는 기록으로 미루어 보아, 강화도 선원사에 보관되어 있던 팔만대장경을 지금의 원효대교 부근으로 옮겨 왔다는 것을 추정할 수 있습니다. 그리고 이듬해인 1399년(정종 원년)에 '경상 감사에게 명하여 대장경을 인쇄하는 해인사 승려들에게 공양하도록 했다'라는 기록으로 미루어 보아 이미 대장경판이 해인사로 옮겨졌다는 것을 알 수 있지요. 따라서 1398년과 1399년 사이에 대장경판이 해인사로 옮겨졌을 것으로 추정됩니다."

"왜구를 피해 대장경판을 옮긴 곳이 왜 하필 해인사였을까요?"

"해인사는 신라 시대부터 유명한 사찰로서 그 위상이 높았습니다. 고려 시대에는 여러 불교 경전이 수시로 간행되던 곳이었고요.

아시다시피 속장경을 간행한 대각국사 의천이 한때 이 해인사에 머물면서 여러 불교 경전을 편찬하지 않았습니까? 그리고 해인사에서 팔만대장경을 판각하기도 했고요. 그러니 이곳으로 옮겨진 것이 아닐까요?"

"그 외에 다른 이유는 없나요?"

"조선 초에 해인사에 보관된 사서를 충주로 옮기면서 마침 사고가 비게 되었다고 합니다. 그래서 이곳으로 옮기게 된 거라고 생각합니다."

"아, 그런 이유가 있었군요!"

김딴지 변호사는 해인사에 오길 잘했다고 생각했다.

"제가 알기로 해인사 대장경판은 총 8만여 매에 이르고 경판의 한 장 무게가 평균 3킬로그램이며, 8만 장을 모두 합치면 2.5톤 트럭 100대에 해당하는 방대한 분량이라고 합니다. 경판 한 장의 두께가 약 3센티미터니 8만 장을 모두 쌓으면 2400미터나 되지요. 이러한 팔만대장경을 옮기는 것은 쉬운 일이 아니었을 텐데요."

유명한 박사가 깜짝 놀라며 말했다.

"언제 이렇게 공부를 했어요? 대단해요."

"에이, 박사님, 부끄럽습니다."

"하하하. 변론을 잘하시는 이유가 다 있군요. 대장경판은 서울에서 해인사까지 두 가지 경로로 운반되었을 것으로 추정됩니다."

"박사님, 대장경판을 운반하는 데 무엇을 이용했나요?"

"서둘지 마세요. 제가 아는 대로 말씀드릴 테니까요. 첫 번째는 육

왜 고려는 팔만대장경을 만들었을까?

로 이동설입니다. 한강을 출발한 배가 남한강을 거쳐 충주에 도착한 후 육로로 운반되었고, 경상북도의 낙동강변에 이르러 다시 배에 옮겨 싣고 고령까지 운반한 뒤 육로로 해인사에 들어간 것으로 보고 있습니다. 그러나 강에서 이용되는 우리나라 전통 배는 경판 800여 장을 실으면 무게 때문에 수심이 얕은 곳은 지나가기 어렵다고 합니다. 또 육로로 운반하려면 인력과 수레가 엄청나게 동원되어야 하는데 과연 가능했을까 하는 의문이 제기되고 있습니다."

"그럼 나머지 하나는 무엇입니까?"

"두 번째는 해로 이동설입니다. 한강에서 서해안으로 나와 연안을 항해하며 남해를 돌아 경상남도 김해에서 낙동강을 거슬러 고령에 이르러 육로로 해인사에 들어간 것으로 보고 있습니다. 해로를 이용하면 운반 기간이 한 달 남짓으로 단축되고 많은 인력이 동원될 필요가 없기 때문에 해로 이동설이 많은 사람들의 지지를 받고 있습니다. 그렇지만 바다를 이용할 경우 위험 부담이 컸지요."

"박사님, 둘 다 일리 있는 이야기인데, 육로든 해로든 대장경판이 해인사로 운반될 때 거쳐 가야 하는 곳이 있지 않겠습니까?"

"그럼요. 지금 경상북도 고령에 장경 나루란 곳이 있는데, 그곳을 거쳐 해인사로 운반되었을 것이라고 믿고 있습니다."

법보전과 수다라장으로 가는 계단을 오른 후 유명한 박사는 수다라장 창살 사이를 가리키면서 말했다.

"최근에는 대장경판이 전국의 주요 판각 공간에서 판각된 뒤 해인사로 각기 운반되지 않았을까 하는 새로운 주장이 있어요."

"네? 그게 무슨 말씀인가요?"

"대장경판에 흠이 없다는 주장을 들어 보셨나요?"

"처음 듣는 이야기인데요, 박사님."

"애초에 전국에 흩어져 있는 공간에서 대장경판을 판각한 뒤 이것을 모두 강화도로 옮기지 않고 가까운 곳, 즉 강화도 선원사와 합천 해인사로 보냈다는 주장도 있어요. 강화도 선원사에서 보관했던 대장경판을 조선 태조 때 해인사로 옮겨 왔다는 것이지요. 앞으로 많은 연구가 필요하겠지요."

"박사님, 그러한 주장에는 근거가 있을 텐데요?"

"있지요. 만약 먼 거리를 운반해 왔다면 이동 도중에 서로 부딪친 흔적이 남아 있을 텐데 그런 흔적이 없거든요. 당시 경판을 포장하는 기술이 낮았을 것이므로 육로나 해로로 운반될 때 일부가 훼손되었을 텐데, 그러한 일이 없다는 것을 근거로 한 주장이지요."

김딴지 변호사는 머리를 탁 치면서 말했다.

"정말 대단합니다. 박사님, 팔만대장경에는 풀리지 않은 비밀이 많네요."

김딴지 변호사는 앞으로 더 많이 공부해야겠다고 다짐하면서 말했다.

"박사님, 언제쯤 그 많은 비밀들이 밝혀질까요? 누가 밝혀야 하지 않을까요?"

유명한 박사가 큰 소리로 대답했다.

"우리나라의 역사와 문화가 숨 쉬는 한 우리 모두의 몫이겠지요."

팔만대장경이 있는 그곳, 해인사

삼보(三寶), 즉 불교도가 존경하고 섬기는 세 가지 보배는 불(佛)과 법(法)과 승(僧)입니다. 이 중 '법'은 부처님의 가르침을 담고 있는 불경을 이르는데, 법보 사찰이 바로 해인사입니다. 부처님 사리를 모신 불보 사찰인 통도사, 16명의 국사를 배출한 승보 사찰인 송광사와 함께 우리나라의 3대 사찰로 손꼽히지요. 경상남도 합천군 가야면 가야산 남서쪽에 있는 해인사는 802년, 지금으로부터 무려 1200여 년 전 신라 때 지어진 절입니다. 해인사는 오래된 절일 뿐 아니라 팔만대장경 경판이 보관되어 있는 곳으로 잘 알려져 있습니다.

어마어마한 분량에다 엄청난 가치를 담고 있는 팔만대장경 경판은 나무로 만들어진 데다가 그 양도 엄청나서 쉽게 보관할 수 있는 물건이 아닙니다. 그래서 해인사에서는 팔만대장경 경판을 보관할 수 있는 집을 따로 지었지요. 그 집이 바로 '장경판전'입니다. 해인사에서 가장 오래된 건축물로 알려진 장경판전은 건축되기 시작한 때는 알려져 있지 않지만 조선 초기인 1488년에 완성되었다고 전해집니다. 장경판전 양쪽 끝에는 고려 각판을 보관한 동사간고와 서사간고가 자리 잡고 있습니다.

해인사에는 조선 후기에 일곱 차례나 불이 나는 사고가 있었음에도 놀랍게도 장경판전에는 불길이 미치지 않았다고 합니다. 그래서 장경판전과 대장경판을 안전하게 지켜 올 수 있었지요. 장경판전은 습기에 대해서도 신경을 써서 만든 건물입니다. 학자들의 연구 결과 대장경판이 습기의 영향을 받지 않도록 건물이 과학적으로 지어졌음이 밝혀졌지요. 바닥에는 많은 양의 숯과 소금, 횟가루가 묻혀 있어서 습도를 조절합니다. 장경판전은 국보 제52호이며 1995년에는 유네스코 세계 문화유산으로 등록되어 보호받고 있습니다.

찾아가기 경상남도 합천군 가야면 치인리 10번지

해인사 장경판전

해인사 전경

『역사공화국 한국사법정 18 왜 고려는 팔만대장경을 만들었을까?』
와 관련한 논술 문제를 풀어 봅시다.

※ 다음 제시문을 읽고 물음에 답하시오.

옛날 현종 2년에 거란이 군사를 일으켜 쳐들어왔다. 현종은 남쪽으
로 피란하였는데, 거란 군은 송악성에 주둔하고 물러나지 않았다.
현종이 여러 신하와 함께 크게 맹세하고 대장경 판본을 새기니 거란
군이 스스로 물러갔다. 대장경은 한가지이고, 그때나 지금이나 그것
을 새기는 일도 한가지이며, 임금과 신하가 함께 맹세한 것도 또한
같은 것이다. 어찌 거란 군사만 물러가고 지금의 몽골 군사는 물러
나지 않겠는가? 오직 부처와 여러 천인이 얼마나 보살펴 주느냐에
달려 있을 뿐이다.

－『동국이상국집』중에서

1. 이규보의 『동국이상국집』에 나온 글을 보고 팔만대장경을 만들 수밖
   에 없었던 이유에 대해 쓰시오.

> 팔만대장경은 고려 고종 23년인 1236년부터 고종 38년인 1251년까지 만
> 들어진 대장경이다.

※ 다음 제시문을 읽고 물음에 답하시오.

(가) 1231년 몽골의 침입으로 전쟁이 시작되자 최우 무신 정권은 강화도로 수도를 옮깁니다. 최우는 미리 군사 2000명을 보내 궁궐과 왕이 있을 곳을 마련하고 성을 쌓았지요.

(나) 처인성 전투에서 김윤후와 처인성의 부곡민은 몽골 군 사령관인 살리타를 사살합니다. 이에 놀란 몽골 군은 철수하기에 이르지요.

(다) 최씨 정권은 강화도에서 팔만대장경 조성 사업을 시작하였습니다. 부처님의 힘을 빌려 몽골 군을 쫓고 싶었던 것입니다. 16년에 걸친 작업 끝에 8만 개에 달하는 대장경판을 만들었지요.

2. (가)~(다)는 몽골이 고려를 침입했을 때 있었던 여러 역사적 사건입니다. 내가 만약 당시에 고려인이었다면 어떤 행동을 했을지 그 이유와 함께 쓰시오.

해답 1 1010년 거란이 두 번째로 고려에 쳐들어왔을 때 현종은 개경을 버리고 전라남도 나주까지 피란을 갑니다. 이때 거란 군은 송악성에 자리를 잡고 물러나지 않았지요. 그러자 왕과 신하들이 함께 나라를 지키기로 맹세하고 대장경 판본을 새겼더니 거란 군이 스스로 물러갔다고 합니다. 이때 새긴 대장경을 '초조대장경'이라고 하지요. 물론 대장경판을 만드는 것이 실제로 적을 물리치는 데 도움을 주는지는 과학적으로 증명할 수 없지만, 이렇게 외세의 침략을 받아 큰 시련을 겪을 때 백성들의 마음과 힘을 하나로 모을 필요가 있었던 것입니다.

해답 2 (가)는 전쟁이 나자 지리적으로 안전하게 몽골 군과 맞서 싸울 수 있는 강화도로 수도를 옮긴 내용이고, (나)는 몽골 군과 맞서 용감하게 싸운 내용이며, (다)는 몽골 군을 쫓기 위해 부처님의 힘을 빌리는 내용입니다. 모두 몽골 군이 고려에 쳐들어왔을 때 있었던 일이지요.

내가 만약 당시 고려인이었다면 (가)와 같이 몽골 군에 맞서 싸울 수 있는 좋은 위치를 찾아 항전을 준비하겠습니다. 물론 용감하게 맞서 싸우는 것도 중요하고 대장경판을 만들어 민심을 모으는 것도 중요하지만, 전쟁은 전략이기 때문에 승리하기 위해서는 지리적으로 좋은 자리를 차지하는 게 필요합니다.

* 해답은 예시로 제시된 내용입니다.

역사공화국 한국사법정 18

왜 고려는 팔만대장경을 만들었을까?

© 최연주, 2011

초 판 1쇄 발행일 2011년 2월 15일
개정판 1쇄 발행일 2014년 2월 7일
개정판 6쇄 발행일 2021년 12월 20일

지은이   최연주
그린이   손영목
펴낸이   정은영

펴낸곳   (주)자음과모음
출판등록   2001년 11월 28일 제2001-000259호
주소   10881 경기도 파주시 회동길 325-20
전화   편집부 (02) 324-2347 경영지원부 (02) 325-6047
팩스   편집부 (02) 324-2348 경영지원부 (02) 2648-1311
이메일   jamoteen@jamobook.com

ISBN 978-89-544-2318-2 (44910)

과학자가 들려주는 과학 이야기 (전 130권)

위대한 과학자들이 한국에 착륙했다!
어려운 이론이 쏙쏙 이해되는 신기한 과학수업,
〈과학자가 들려주는 과학 이야기〉 개정판과 신간 출시!

〈과학자가 들려주는 과학 이야기〉 시리즈는 어렵게만 느껴졌던 위대한 과학 이론을 최고의 과학자를 통해 쉽게 배울 수 있도록 했다. 또한 지적 호기심을 자극하는 흥미로운 실험과 이를 설명하는 이론들을 초등학교, 중학교 학생들의 눈높이에 맞춰 알기 쉽게 설명한 과학 이야기책이다.

특히 추가로 구성한 101~130권에는 청소년들이 좋아하는 동물 행동, 공룡, 식물, 인체 이야기와 최신 이론인 나노 기술, 뇌 과학 이야기 등을 넣어 교육 과정에서 배우고 있는 과학 분야뿐 아니라 최근의 과학 이론에 이르기까지 두루 배울 수 있도록 구성되어 있다.

★ *개정신판 이런 점이 달라졌다!* ★

첫째, 기존의 책을 다시 한 번 재정리하여 독자들이 더 쉽게 이해할 수 있게 만들었다.
둘째, 각 수업마다 '만화로 본문 보기'를 두어 각 수업에서 배운 내용을 한 번 더 쉽게 정리하였다.
셋째, 꼭 알아야 할 어려운 용어는 '과학자의 비밀노트'에서 보충 설명하여 독자들의 이해를 도왔다.
넷째, '과학자 소개 · 과학 연대표 · 체크, 핵심과학 · 이슈, 현대 과학 · 찾아보기'로 구성된 부록을 제공하여 본문 주제와 관련한 다양한 지식을 습득할 수 있도록 하였다.
다섯째, 더욱 세련된 디자인과 일러스트로 독자들이 읽기 편하도록 만들었다.

철학자가 들려주는 철학 이야기 (전 100권)

아이들의 눈높이에 맞춘 철학 동화!
책 읽는 재미와 철학 공부를 자연스럽게 연결한 놀라운 구성!

대부분의 독자들이 어렵게 느끼는 철학을 동화 형식을 이용해 읽기 쉽게 접근한 책이다. 우리의 삶과 세상, 인간관계에 대해 어려서부터 진지하게 느끼고 고민할 수 있도록, 해당 철학 사조와 철학자들의 사상을 최대한 풀어 썼다.

이 시리즈의 가장 큰 장점은 내용과 형식의 조화로, 아이들이 흔히 겪을 수 있는 일상사를 철학 이론으로 해석하고 재미있는 이야기로 담은 것이다. 또한 아이들의 눈높이에 맞는 쉽고 명쾌한 해설인 '철학 돋보기'를 덧붙였으며, 각 권마다 줄거리나 철학자의 사상을 상징적으로 표현한 삽화로 읽는 재미를 더한다. 철학 동화를 이끌어가는 주인공을 형상화하고 내용의 포인트를 상징적으로 표현한 삽화는 아이들의 눈을 즐겁게 만들어준다. 무엇보다 이 시리즈는 철학이 우리 생활 한가운데 들어와 있고, 일상이 곧 철학이라는 사실을 잘 보여준다. 무엇보다 자기 자신을 극복한다는 것, 인간을 사랑한다는 것, 진정한 인간이 된다는 것, 현실과 자기 자신을 긍정한다는 것 등의 의미를 아이들의 시선에서 풀어내고 있다.